シンプル思考

里崎智也
Satozaki Tomoya

a pilot of wisdom

はじめに

僕が十六年のプロ野球生活で稼いだお金は、だいたい十三億円です。

千葉ロッテマリーンズに入団した際の契約金は、自分の手元に残っている分はいまもまったく手をつけていませんし、一年目から定期預金の口座を開設しました。貯《たくわ》えは十分にある。おかげで、プロ野球選手を引退してからの僕の人生は安泰となりました。

最近、僕と同じ四十代、早ければ三十代で仕事をリタイアし、自分の好きなことに時間をついやす人が増えていると聞きます。きっと彼らも、その実現のために必死に働いたりして、質素だとしても仕事をせず生活をしていけるだけの資産を築けたのでしょう。

「里崎くらい稼げば、誰だってリタイアできるでしょ」

その通りです。ただし、ここで勘違いしてほしくないのは、プロ野球選手として成功したから大金を稼ぐことができたのではなく、お金のために生きてきたからこそ、金銭的に余裕のある暮らしを手にできた、ということです。

世の中、「お金」に対して肯定的に捉えている人ばかりではありません。「金を稼げればそれでいいのか」「お金よりも大事なものがある」。たしかにそうです。そういった概念をひっくるめて、僕にとってはお金が一番大事。ある程度のものが買える。生活が保障される。すなわち、より多くの不幸を回避できることとなります。

人によっては、これが趣味でもいいわけです。

なによりもサーフィンが好き。週末にゴルフコースをラウンドできれば幸せ。それを実現できるなら、どんな苦労も厭《いと》わないし、大金を稼ぎたいとも思わない――そういった理念で行動していれば、やがて自然と趣味を基準に人生設計をしていけるはずです。

自分が豊かな生活を送るために、なにを一番に優先するか。人生における「一丁目一番地」を設定し、死守することで、おのずと自分の進む道が示されます。逆にそれが叶《かな》わない人生だとすれば、僕だっていまも危機感を抱えながら、しんどい思いをして仕事をしていることでしょう。

一丁目一番地を設定することの意義とはなにか？

引っ越しを想像してみてください。

家賃、築年数、駅からの距離、間取り、そのほか、物件の設備……希望を挙げたらきりがありません。自分が住む物件を決めるときは、どこかを妥協していると思います。

物件を決めたときに「妥協したな」と思うと、なんだか損した気分になりませんか？

そんな感覚に襲われてしまうのは、多くを求めすぎているためです。「予算内の家賃ならばほかは我慢できる」と決めれば、築年数は古いかもしれないけど、駅から近く、広い部屋に住めるかもしれない。そう考えたほうが、幸せに暮らせると僕は思うんです。

なぜ迷うんですか？　不安だからですか？　なにに対して怖さを感じているんですか？

決断したことの答えは、すぐには出ません。自分次第で幸福にも不幸にもなります。

だからこそ、単純に物事と向き合ってみませんか？

「これさえあれば、努力も苦労もできる」という一丁目一番地は、誰にでも必ずあるはずです。まずは、それを設定して突き進んでみてください。途中、分かれ道があっても「自分の望みに近づける道はどちらか？」と考え、優先順位さえブレなければ、悩まずに答えは見つかるはずです。

みなさん、もっとシンプルに生きましょうよ。

目次

第二章　遊びのすすめ

――「好きなことでしか生きていきたくない」人たちへ――

第五章　人間関係のすすめ

――無理に人に関心を持たないようにしましょう――

おわりに——

世の中に本当の「失敗」はないのかもしれない

構成　田口元義

第一章　マネーのすすめ

――恥ずかしがらずに「お金が大事」と言いましょう

お金のためだけに努力してきたわけではありません

人間、できることなら好きなことだけやって生きていきたいものです。

そう望んだところで、現実は甘くありません。

ゲームが大好きだったとします。親が養ってくれている間なら思いのままゲームだけをできるかもしれませんが、成人し、社会人になるとゲーム三昧の生活はできなくなります。あるいは、働かずにゲームだけをすることを選ぶとしましょう。ゲームをするためにはソフトが必要です。ソフトを起動するためにはゲーム機やパソコン、インターネットなど自分でプレーする環境を整えなければなりません。そう、お金が必要になります。しかし職に就かずお金がなかったとしたら、一日中ゲームをするどころか、そもそもゲームをする環境を満足に整えることができません。

現在は「eスポーツ」という言葉が浸透していることからもわかるように、ゲームもプロスポーツとして認められました。成人しても本気でプロゲーマーの道を突き進めるのであれば幸福かもしれませんが、ゲームが好きなだけで生活に困っているとすれば幸福感は得られないでしょう。

僕はそうなるのが嫌だから、お金にこだわってきました。

じゃあ、大金を稼ぎたいからプロ野球選手を目指したのか？　それは誤りです。

ゲームが大好きな人と同じで、僕にとって子供のころから大きな楽しみは野球でした。仲間たちと遊び感覚で野球をする、結果が出る、もっと活躍したいから練習する――小学校、中学校、高校、大学と、その積み重ねがあったからこそプロ野球選手になれました。

あくまで「野球がもっとうまくなりたい」と頑張ってきた結果、多くの方々に評価されて、いまがある。お金を稼げたのは、好きなことを続けられたから。幸運なことに現役時代に資産を貯えることができ、引退後は金銭面の心配をしなくて済むくらいの生活ができていますから、今日では好きな仕事だけをやれていますし、自分としてはほどほどに満足もしています。

お金を稼ぐために、なにをすればいいのか？

シンプルに大金だけ稼ぎたかったら、自分の趣味嗜好《しこう》を度外視して給料が高い職業を目指したり、事業を始めたりしていたかもしれません。野球以上に好きな物事に出あうことができていたのなら、生活の一部にするために努力を惜しまず、世間から評価されていたかもしれません。

どんな道に進んでいたとしても、「お金は大事」という一丁目一番地がブレない限り、それなりに幸福な人生を歩めていたと、自分のことだからこそ確信できています。

金銭感覚の原点は、物欲が満たされていた少年時代

僕は人生で、お金に苦労した経験が一度もありません。

共働きの両親と姉がひとり。一九七六年生まれの僕の時代からすれば、ごくごく一般的な家庭に生まれ、極端に裕福だったわけではありません。そんな里崎家には、お金にまつわる面白いルールがありました。

一日百円のお小遣いです。

僕が小学生になったころから、学校から帰ってくると居間のテーブルに必ず百円が置かれていました。里崎家には「三時のおやつ」の文化がなかったので、「これでお菓子でも買いなさい」という趣旨だったかとは思います。

小学生だった一九八〇年代と言えば、空前の「ビックリマンチョコ」ブームでした。一九八五年から発売された「悪魔vs天使シリーズ」が大ヒット。おまけのシール欲しさに、全国の少年たちは近所の駄菓子屋、スーパーなんかを行脚したものです。多くはシール目当てで、ウエハースチョコには興味がない友達もいましたが、我が家にはおやつがなかったので僕にとっては両方とも貴重でした。

このビックリマンチョコが、無意識のうちにお金の使いかたを教えてくれたような気がします。

当時のビックリマンチョコは一個三十円（一九八五年当時は、まだ消費税は導入されていませんでした）。一日のお小遣いが百円ですから一日三個まで購入でき、十円が手元に残ります。このおつりを三日間貯《た》め、四日目には四個購入する。これが、当時のルーティンでした。仮にビックリマンチョコを買わない日でも、無理に「もらった百円を一日で使い切る」ことをせず、適度に貯えながら目当てのものを買っていたような気がします。

里崎家のお小遣いは「一日百円」だけにとどまりませんでした。

両親の仕事が休みの毎週日曜日には、いつも家族で買い物に出かけていました。そこで僕は「千円以内」の買い物が許されていました。たまに千五百円など予算以上のものが欲しい場合には、翌週の千円から前借りして買ってもらったものです。

当時の小学生のお小遣いは、平均すると月に五百円程度だったかと思います。それに対し、僕は月に七千円もの大金を親からもらっていたわけです。とはいっても、日曜日の千円は欲しいものがなければもらえず、その代わり、自転車のパンクなど不測の事態が起きた際に、親から修理代を出してもらったりしていました。だから、常に数千円を持ち歩いていたわけではありません。繰り返しますが、里崎家はごく一般的な家庭です。でも僕個人で言えば、かなり裕福だったと思います。

両親がそこまでものを与えてくれた理由は、自分に子供が生まれてから判明しました。「できる限りものを買い与えていたのは、物欲が満たされればそのうち『欲しい』と言わなくなるだろうと思ったから。あれもダメ、これもダメと厳しくしすぎて、万引きとか悪い方向に進んでほしくなかった。智也がそうなってしまうのが一番怖かった」

そんな教育方針だったなんて――それを知ったときには驚きました。僕から物欲を適度に取り除き、効率的なお金の使いかたを教えてくれた親には感謝しています。

人生を豊かにするためなら「けち」にもなれる

「人生で守るべきもの」は、大きく四つに分けられると思っています。

1．お金……これさえあればほとんどのことは叶えられると思います。
2．仕事……稼ぎが少なくても、やりたい職業に就けるだけで幸せ。
3．趣味……自分が好きなことができていれば満足。
4．家族……好きな人たちと幸せに暮らせるなら、どんな苦労も乗り越えられる。

ほとんどの人が、四つのなかに「最も大事なこと」が当てはまるかと思います。このうちひとつでも叶えられているのであれば、幸福感は得られるはず。こればっかりは価値観の問題なので、人それぞれだと思いますが。

言わずもがな、僕にとって最優先項目は「お金」です。なぜなら、これさえ担保できてしまえば、残りの三つも守られると確信しているからです。

僕が一九九八年、ドラフト二位で千葉ロッテマリーンズに入団した際の契約金は一億円でした。源泉徴収で二千万円引かれ、母校などお世話になった場所に寄付などもしたため、全額が自分のものになったわけではありませんが、車を購入した約千三百万円（ちなみに、この車が里崎史上最高の高級車です）を差し引いても数千万円単位で手元に残ったはずです。いまは親が管理してくれているので、残高はわかりませんが。当時二十二歳。同年代のなかでは、かなりの金銭的アドバンテージを手に入れたことになります。

そんな僕ですが、〝財テク〟は欠かしませんでした。入団してから積立預金の口座を開設し、毎月の給料から十万円が自動で引き落とされるようにしました。すでに数千万円のお金があるのになぜか？　いつロッテを戦力外になってもいいように。野球以外でやりたいことが見つかったときの運転資金にするためです。

仮に五年でプロ野球をクビになったとします。月に十万円を貯金しているわけですから、その間に六百万円を貯められたことになります。それを元手に、資格を取得するために専門学校に行ったりと、引退後の準備をするには十分な金額だろう——そういうプランを立てていました。結果的にはプロ野球の世界に十六年もいさせてもらうことができ、年俸だけでも十分に稼がせてもらいましたし、この積立預金は最終的に二千万円近くまで貯まりました。もちろん手をつけていませんが、あるに越したことはありません。

これを堅実と評価していただくか、けちだと嘲笑されてしまうのか。僕からすれば、そんなことどうだっていい。それだけお金に対して執着した結果、手元にたくさんのお金があり、人生を豊かにできているわけですから。

僕が浪費しない理由

ロッテ入団一年目の年俸は千三百万円でした（自分で書くのも変ですが、本書で出てくる年俸は推定とさせてください）。

前の年まで大学生で、一万円でも結構な大金だという認識だった僕にとってその額は天文学的な数字であり、さすがに度肝を抜かれました。プロ野球選手は年俸制ですから、総額の十二分の一の額が毎月振り込まれます。つまり、僕の「月給」は約百万円。さすがに最初はブランド物を買いました。なにを買ったか忘れましたけど。でも、散財したのはこれくらいで、あとは控えるようにしていました。

お金とは、捉えようによっては麻薬のようなものです。

いままで見たことのないような金額を、一夜にして手にしてしまった。または僕のように大金を稼げる職業に就くことができた。金銭面で余裕が生まれるわけですから、いつの間にか浪費癖がついてしまう。プロ野球界では、そういう人が多いです。

僕らの仕事は、基本的に夜型です。土日や祝日はデーゲームが多いですが、たいていはナイターで、試合が終わるのはだいたい二十一時過ぎ。そこから選手たちは食事に繰り出します。これが結構、負担になります。お酒好きで飲み屋をはしごするような人であれば、一日のうちに数十万円使ってしまうこともざらです。その点僕は、そこまでお酒が好きじゃありませんでしたし、毎日のように飲み歩くこともありませんでした。たまに、後輩を四、五人引き連れてご飯に行き、自分がごちそうしたとしてもせいぜい十万円ちょっとです。だから僕は、夜の街への貢献度はかなり低かったと思います。

「野球選手が金を貯めてはダメなんだ」

プロ野球界にはそんな風潮が少なからずあります。お金を稼ぎ、ブランド物の服を着て、高級時計を身につけ、外車を乗り回す――そういう姿を見せて、野球少年に夢を与えたいんでしょうけど、興味がないものにお金を使うことこそ僕にとっては無意味なんです。

ダメと言われようが、けちだと囁《ささや》かれようが、僕にとってはお金が一番。だから無駄だと感じたことには一銭も出したくないし、できるだけ貯金をしたい。プロ野球選手となり、お金を稼ぐようになってもそこだけは終始一貫していました。引退後のいまもそうです。

「お金では買えない大事なものがある」

よくそんな言葉を耳にします。そのこと自体は否定しませんが、生活で必要なものはお金で買える現実があります。「大事なもの」があるのは結構ですが、まずはそこから目を背けないほうがいいと思います。

何度も書かせていただきますが、お金があればあるほど不幸を回避できる確率が高くなり、幸福を得ることにも結びつきます。つまり僕は、できるだけ幸せをお金で買えるように、卑しいと思われても「お金が大事」を口に出すんです。

「四・四・二の法則」で質素かつ豪快に

「世の中の人って本当にお金持ちに興味があるんだな」と感じることがあります。

僕のYouTubeチャンネル「Satozaki Channel」で百万回再生を記録した動画のひとつに、〈【野球選手の懐事情】僕の貯金額〇〇円です！〉があります。ロッテ入団時の契約金から年俸など、金銭面を赤裸々に語っているんですが、ここで僕はお金の使い道について独自の法則を紹介しています。

それが「四・四・二の法則」です。

収入のうち「四割が税金」「四割が貯蓄」「二割が自由」と現役時代から決め、振り分けていると動画内では話しました。ただ、実際にその通りに管理できているのかと言えばそうとは限りません。「気づいたら、だいたいそんな感じになっている」だけ。こういった法則を設け、できるだけ守るように生活していたら「お金は貯まりますよ」といった、ちょっとしたアドバイスみたいなイメージです。

ただ最近は、「四・四・二の法則」は遵守できていないかもしれません。むしろ年によっては「四・五・一」とか、自由に使える金額が少なくなっているとさえ感じます。

「家では質素に。外では豪快に」

これは、僕が仕事をするようになってからの、言うなれば鉄則です。わかりやすく言えば、インナーは量販店のもの。アウターはブランド物を着ている感じ。

プロ野球選手時代からそこまで外食することを好まなかった僕は、試合が終わってからスーパーで総菜を買い、自炊もしていました。

ある日のこと。ナイターの試合が終わり、いつものようにスーパーへ立ち寄ると、本マグロの刺身がタイムセールで千円に値引きされている。定価ならば千五百円もする高級品なのでかなりお得です。そこで僕は考えます。「今日、どうしても食べたいか?」「安いからといって手を出してしまえば、『安物買いの銭失い』になってしまうんじゃないか?」。少し悩んだ結果、本マグロを断念し、赤身の切り落とし（五百円）を買う――これは、僕にとって日常的なことでした。いまでも刺身に千円を出すには勇気がいります。

現在では里崎家のお金もすべて僕自身が管理しています。妻には僕から「一か月分の生活費ね」と渡していますし、子供の貯蓄も「贈与税が発生しないラインは?」と税理士の先生と相談しながら決め、学資保険なんかも払い込み保険料と内容を吟味して選んでいます。

その一方で、「お金を使う」と決めたら派手に使います。

現役時代には、一本数百万円もする高級時計を購入したこともありました。春季キャンプの休日に後輩たちを連れてゴルフと食事に出かけた際には、一日で百万円くらい僕が支払ったことだってあります。引退後は毎年、モルディブに旅行します。家族全員で約二百万円。これらは散財ではありません。自分の人生を豊かにする上で必要な買い物です。

このような使い道も確保したくて生まれたのが「四・四・二の法則」。法則をしっかりと守れなくとも、この意識さえ心掛けていれば、少なくともお金に困ることはないと考えています。

一日に使う金額は百二十円

最近、ふとこんなことを思う瞬間があります。

「俺、今日、一円も使ってないんじゃないか?」

朝、自宅を出たときから、これまでの行動を時系列で追ってみる。すると、「あ、自動販売機でコーヒーを買ったわ」。残念、百二十円使っていました。

僕は必要以上にお金を使うことはありません。自分の趣味に使うお金だけで言えば、月に三万円、多くても五万円も使っていないような気がします。なにせ欲しいもの、とくに高価なものに対する物欲がないからお金が減らない。

僕はプロ野球解説という仕事柄、スーツを着ることが多いですが、かといって年間でそこに何十万円も使いませんし、シャツにしたってユニクロで買っていますから、せいぜい千九百九十円です。テレビに出る、人前に出るからといって高いものを身につける必要なんてありません。

大事なのは見た目の清潔感です。僕はプロ野球選手時代、さまざまなスーツを購入し、若いころはブランド物を着ていたこともありました。高いものを買うと、質がいいものの基準ができます。いままでは安くていいスーツを知っていますんで、それで十分です。高いものを知れば、安いものでも価値を見極められる。それまでには多少の出費はあるかもしれませんが、のちに生かされると思います。

普段着に至ってはラフそのものです。

たまに自分の意思で購入する服もありますが、現役時代からお世話になっているメーカーさんからジャージやポロシャツを支給してもらっているので、いまでもありがたく着させていただいています。YouTubeの「Satozaki Channel」での半袖ポロシャツ姿、あれが普段着だと捉えていただいて結構です。

小さいお子さんがいる人ならわかってもらえるかと思いますが、そもそも子供と一緒にいると遊びに付き合うことも日常的となり、どうしても服が汚れるときがある。そういう想定があらかじめあるので無駄にファッションにこだわる必要性はありません。僕に支給してくださるメーカーさんはスポーツブランドですから機能性に優れた服ばかり。しかも普段着にも使えるとなると、これ以上ないメリットがあるわけです。

質素であることに悪い要素はなにひとつとしてありません。お金があるからといって、無理に使っても損をするだけ。欲しいものがなければ使わない。これがベストです。

動画配信サービスは便利だけど、加入は慎重に

二〇二〇年四月。新型コロナウイルス感染拡大によって、初めて緊急事態宣言が発出されました。プロ野球の開幕が六月まで延期されたこともありますが、評論や解説で球場へ行くことが多い僕は仕事の自粛を余儀なくされ、およそ二か月間、不要不急の外出を控え

ることとなりました。僕に限らず、社会人のほとんどがそんな生活を強いられたことでしょう。なかには収入が激減し、仕事を失った人もいたはずです。

こんなことを書いてしまうと不謹慎だと思われるでしょうが、僕にとってこの期間はいい休養となりました。

どのように過ごしてきたか？　基本的に自宅から出ませんでしたから、ひたすらドラマを観《み》ていました。五年ほど前からＨＤＤレコーダーに録画して溜《た》まりに溜まっていた作品を、文字通り一気観。池井戸潤さん原作の大ヒットドラマ「下町ロケット」と「半沢直樹」の第二シーズン、大河ドラマ「麒麟《きりん》がくる」など「早く観たい」と楽しみにしていながら仕事が忙しくて観られなかった作品を、時間を忘れるくらいに見入りました。実に有意義な期間でした。

僕は国内ドラマが大好きです。

そのため、話題作もそうでない作品も興味を持ったらまずは録画します。そして、前述のように時間ができたら一気観したり、数日間で集中的に観ます。ちなみに、これまでハマったドラマは、一九九三年放送の「振り返れば奴《やつ》がいる」。織田裕二さん主演の医療もので、石黒賢さん、松下由樹さん、千堂《せんどう》あきほさんなど、当時の人気俳優が出演した話題作でした。このドラマの主題歌であるCHAGE&ASKAさんの「YAH YAH YAH」も、約二百五十万枚ものCDを売り上げ、ダブルミリオンを達成したことでも有名です。その翌年に放送された「お金がない！」も好きな作品。これも織田さん主演で、貧乏な若者が大企業で成り上がっていくサクセスストーリー。別に織田さんが好きだからハマったわけではありませんが、とにかく面白かったです。

最近、周りからよくこんなことを聞かれます。

「そんなにドラマが好きなら、サブスクで観ればいいのに」

ここ数年話題の「Amazon Prime Video」「Netflix」「Hulu」といった、サブスクリプション（定額料金）でたくさんの作品が楽しめる動画配信サービスがあります。自分の好みに応じて加入すれば楽しめるし、経済的です。ただ、観る時間がないのに加入してしまったら、それは余計な出費。だからこそ、僕は必要なサービスを慎重に選ぶようにしています。いまはHDDに録画したドラマを「制覇」するので手いっぱい。だからサブスクには入りすぎないようにしています。

「ジャンプ黄金世代」の僕はマンガ雑誌を必ず買う

僕は毎週必ず千八十円を使います。「週刊少年マガジン」(税込み三百二十円)、「少年サンデー」(税込み三百四十円)、「週刊漫画ゴラク」(税込み四百二十円)。このマンガ雑誌三誌だけは譲れません。そのほか、好きな作品の単行本が出れば購入するので、多ければ月に五千円近く消費します。

一九七六年生まれの僕は、「週刊少年ジャンプ」黄金世代です。

「北斗の拳」「キン肉マン」「キャプテン翼」「ドラゴンボール」……いまの若い世代も知る名作をリアルタイムで読んできた、恵まれた世代です。それだけ身近にマンガがあったため、のめり込むのは当然で、学生時代はいまも買う三誌に加え、ジャンプや「週刊少年チャンピオン」と、少年マンガ雑誌はひと通り買ってきました。

僕にとってマンガは「知識の宝庫」でもあります。

作者の先生は、テーマやネタによっては専門家に話を聞いたり、現場に足を運んだりと記者顔負けの取材活動をします。そのため作中の情報に信頼がおける。たとえば、「モンキーターン」ではボートレースを、「風のシルフィード」では競馬を——といった具合にマンガで知識を得ることだって珍しくありません。現在、購入している雑誌でも、マガジンの「ヒットマン」で雑誌編集の仕事を垣間見る《かいまみ》ることができましたし、サンデーの「あおざくら 防衛大学校物語」では自衛官の仕事の大変さを知ることができました。漫画ゴラクの看板作品「ミナミの帝王」では、闇金社会の怖さを痛感させられています（絶対に足を踏み入れませんが）。

ここで、勘のいい人は気づいてしまったかもしれませんね。

「里崎、ジャンプ黄金世代とか言っているのに、いまは読んでないのか？」

さらに鋭敏な察知能力をお持ちの人は、こうかぶせてくるでしょう。

「この本、集英社から出してるんだよな」

そうです。今回、集英社さんのご厚意により著書を出版させてもらったにもかかわらず、僕はいま、ジャンプを購入していません。

理由は「嗜好とは違う」から。僕はスポーツなら、サンデーの「ＭＡＪＯＲ」（現在は「ＭＡＪＯＲ ２ｎｄ」）のような「スポコン青春もの」が好き。もっと言えば、ストーリー性がわかりやすい作品のほうがのめり込みやすいタイプなんです。ジャンプは「ONE PIECE」や「鬼滅《きめつ》の刃《やいば》」など世界的大ヒットを記録するような名作ぞろいですが、細かいキャラクター設定や綿密に張り巡らされた伏線など、なかなか凝ったものが多く……

個人的には、それこそ八〇年代のように、ジャンプの理念である「友情・努力・勝利」をストレートに読ませてくれる作品と出あいたいな、と思うわけであります。

つまり、僕が「面白い！」と思ったらお金を出します。「世間で話題だから」という理由で読むことはしません。もしこれから好きな作品と出あうことがあれば、毎週ジャンプも買うようになるでしょう。

お金稼ぎの第一歩は「足元を見られないこと」

どんなものにも「価値」が存在します。

僕らが頻繁に利用するコンビニやスーパー、ディスカウントショップ、雑貨屋などで売られている商品は、庶民に手が届く範囲の価格帯です。すべての商品が該当するわけではないかもしれませんが、生活必需品だったり、売る側が「みなさんに利用してもらいたい」と大量に生産するからこそ、コストを抑えられるといった理由もあるかと思います。

かたや、高級ブランド品はその名の通り、おいそれと買えるような値段ではありません。売る側は自分たちの商品の価値こそ宣伝しますが、「買ってください」と押し売りも叩《たた》き売《う》りもしない。「ブランドのよさをわかってくれる人が買ってくれればいい」というスタンスです。

人も「価値」は決められています。

サラリーマン社会でも未経験の新入社員の給料は安く、十年、二十年と経験を積むだけ昇給していくのは、それだけ会社への貢献度が高いと評価される、あるいは利益をもたらしてくれるだろうという期待値が含まれているからです。プロ野球選手は、毎年シーズンオフに契約更改交渉が話題となりますから、個人の価値がよりわかりやすいかと思います。

ですが僕は、プロ野球選手になる以前から、人間の「価値」を重んじてきました。すごく乱暴に表現してしまえば、こう思いながら野球を続けてきました。

「結果を残せば、誰からも文句を言われない」

アマチュア時代も試合で結果を出せば、練習内容などの自己主張が通りやすくなる。プロになってからも、契約更改交渉の場では球団側の提示を確認し、「なぜその金額にしたのか」と相手側の話を聞いてから、僕は主張をします。金額に納得できなければ理路整然と「ここは査定に含まれていませんよね？」と尋ねるし、十分だと感じればハンコを押す。

もし、それでも球団と折り合いがつかなかったら？

そのときは「ほかの球団と交渉しますから、自由契約にしてください」と言うだけでした。幸運にもロッテは僕の話を聞いてくれたし、理解もしてくれたので決別することなく十六年間、お世話になることができましたが、僕は毎年、そんな覚悟で交渉に臨んでいました。

僕たちプロ野球選手は個人事業主です。

「レギュラーだけど、成績はそんなによくなかったからこのくらいで」と、球団から安易に金額を提示させてはいけません。仮に同じような成績の選手がいたからといって同等の額を提示されてしまうのは、自分が足元を見られている証拠ですし、実際にそう言いくるめられてハンコを押す選手がいるからです。

球団と選手はあくまで対等の立場であるべきですが、レギュラーとして何年もチームに貢献している選手であれば力関係は球団より上です。「僕はチームのために働ける自信がありますよ。だから給料を上げてください」と、しっかり伝えるべき。それが聞き入れてもらえないようであれば、フリーエージェントや自由契約にでもしてもらい、チームを離れればいいだけ。

誤解のないように補足すれば、僕や長年レギュラーとして活躍するような選手は、誰よりも努力しています。「球団に意見する以上は、もっといい成績を上げないといけない」。つまり、自己主張することによって、自分にプレッシャーを与えているわけです。退路を断ったなかで結果を残すという行為は、想像以上にしんどいことです。

文句を言うだけではダメ。主張を通す以上は覚悟を持って努力し、明確な結果を出さなければ自分の価値を高められないし、お金も稼ぐことはできません。

オルティスの札束

アメリカのプロ野球、メジャーリーグのボストン・レッドソックスにデービッド・オルティスという名選手がいました。

現役時代の通算ホームランは五百四十一本。「世界一」の証《あかし》とされるワールド・チャンピオンに三度輝いており、日本円にして年間十五億円以上も稼ぐプレーヤーでした。二〇一六年に現役を引退し、翌年には背番号「34」が永久欠番となるほど、レッドソックスにとってオルティスはレジェンドでもあります。

選手としての実績もさることながら、彼には人徳もあったそうです。二〇〇九年にともにプレーした経験がある、元プロ野球選手の斎藤隆《たかし》さんから聞いた逸話を紹介します。

オルティスはシーズンのホーム最終戦になると、必ず札束をたくさん抱えて球場入りしたそうです。そして試合が終わり、帰る間際になるとフェンウェイ・パーク（レッドソックスの本拠地）の清掃員やチームの用具係などの裏方さん一人ひとりに、持参した札束を渡す。「今年もありがとう。来年もよろしくな！」。感謝の気持ちとして巨額のチップを支払うのが恒例行事だったそうです。

オルティスに限らず、日本プロ野球の一軍よりも狭き門とされるメジャーリーガーともなると、年俸の億超えは当たり前。オルティスのように超一流プレーヤーともなれば、十億円、多ければ二十億円以上稼ぐプレーヤーもいるほどです。アメリカはチップ文化があるため、毎日、選手たちから清掃員がもらう額も百ドルとか破格で、斎藤さんの話によると「チップは貯め放題。ベンツを所有しているスタッフもざらにいる」と……。だから、裏方さんにとってオルティスは雇い主を超えた「王様」であり、また、ほかの選手たちにもしっかり奉仕するわけです。

なるほど、と思いました。ものや人の価値というのは、売り手が決めているようで、実は買い手が決めているんだな、と。

このケースで言えば、清掃員や用具係が「俺はこれだけのことができるから、一日に百ドルのチップが欲しい」と言ったところで、買い手側——選手たちが「俺たちの言うことをまったくやってないじゃないか」と判断すれば、チップも安いし、それを知った球団だってそういう見かたとなり、給料を安く設定されるかもしれない。

アメリカらしい価値観と稼ぎかただなと、納得しました。

僕がプロ野球のコーチをしないのは「儲《もう》からない」から

プロ野球選手を引退してから、よく聞かれることがあります。

「里崎さんは、コーチになる気はないんですか？」

ありません。理由は給料が安いから。以上。

本当はこれだけで文章を締めたいくらいなんですが、せっかく本書を買ってくださった人が納得しないと思うので、もうちょっと補足します。

プロ野球の指導者は、監督こそ実績や期待値を考慮され一億円を超える報酬を手にする人もいますが、コーチの相場はヘッドコーチで千五百万円から二千万円。他は八百万円から千五百万円です。当然、所得税を支払うため、手元に残る額はこれよりも少なくなります。一千万円以上の収入がある人は「高額所得者」と区分されるようなので、日本においては十分な稼ぎなのかもしれません。

考えてみてください。プロ野球の世界は指導者も個人事業主。会社員のようにこの金額が何年も保証されるのであれば安泰でしょうが、結果を残せなければ一年でクビを切られることだって珍しいことではありません。

しかも、いまのプロ野球ＯＢは飽和状態にあります。彼らは毎年のように増える一方ですが、定年がないため減る速度は遅い。それは指導者の世界に限らず、僕らプロ野球評論家や解説者も同じこと。限られた椅子の奪い合い。だから、その場所になんとかしてすがろうとする。それは仕方がないことではあります。

指導者としてレギュラークラスの選手を何人育成しようとも、選手時代のように年俸が飛躍的にアップすることはない。これまで野球しか経験してこなかったため、「なれるならなりたい」と考える人が多い。でも、額はほぼ決まっている。この構図は変わっていません。成功報酬など待遇が明確化されているのであれば、僕も少しは「やってみたいな」と思うかもしれませんが、改善傾向がまったく見られないので面白みを感じられないんです。プロ野球でコーチをするくらいなら、少年野球チームで監督をやったほうが充実感はあるかもしれません。子供たちの成長を間近で見られますし、無報酬だったとしてもいまの僕には貯えがあるんで。

そんな実情もあって、僕は年下のプロ野球OBに話すことがあります。

「思い切って、野球以外の業種に就職してみたらどうや?」

プロ野球選手の選手寿命は平均九年と言われています。大卒で入団したとしても三十代前半で退団を余儀なくされる。二十代で結婚し、子供を授かったとすれば、仮に引退したとして、ユニフォームを脱いでから十年の間に進学などお金がかかる時期に差し掛かります。そういう家庭環境、財政状況のなか無理に少ない椅子を奪いに行くなんて時間の無駄。だったら、野球への未練を断ち切って一般企業に就職したほうがいい。プロ野球選手は誰でも、多かれ少なかれ人脈はありますから、選《え》り好《ごの》みさえしなければ働き口は見つかるはず。未経験の仕事で最初は苦労するかもしれませんが、いまの時代は終身雇用ではないにせよ社会保険や年金など福利厚生はあるし、先を見越せば家族にとってはメリットがあるんじゃないか、と考えての助言です。

ただ、僕のように現役時代にしっかり貯蓄していたのであれば、別にどんな仕事をしてもいいとは思いますけど、そういう元プロ野球選手は限りなく少ないでしょう。だから多くの選手は引退後、コーチになりたがるのです。

第二章　遊びのすすめ

――「好きなことでしか生きていきたくない」人たちへ

野球評論家？　ユーチューバー？　里崎の「肩書き」

二〇一四年にプロ野球選手を引退してからというもの、ありがたいことにたくさんの仕事をいただいています。

スポーツ新聞での野球評論、プロ野球中継での解説、そのほか、ゴルフ番組のホストをはじめとしたテレビ出演、講演会などのイベント登壇など、おかげさまで忙しく生活させてもらっています。

さて、そんな僕の肩書きはなにになるでしょう？　実際、自分でもよくわかりません。「なんでも屋」とでも呼んでください。

僕としてもそのほうが楽です。「なんでもやりますよ。なんでもできちゃうんですけどね！」とユーモアを交えてクライアントさんにアピールすれば「面白そうだな」と興味を持ってもらえるだろうし、おそらくなんでもできてしまうので。というのも、僕の本業は野球選手だったわけで、引退したいま、たとえば芸人さんと同じテレビ番組に出演し「同じレベルの仕事をこなそう」と考えるほど世間知らずでもありません。ただ、現役時代からテレビ出演など公の場に出る仕事も少なからずしてきたため、多少なりとも場数は踏んでいる。いわば「素人以上プロ未満」の立ち位置なわけです。だから、相手側もプロ野球選手時代の僕ほど期待値は高くないし、「そこそこ喋《しゃべ》れる元プロ野球選手」のようにハードルを下げてくれるので、僕としてはそこを最低ラインとしてこなせばいいわけです。

そんな「そこそこ喋れる元プロ野球選手」が、二〇一九年三月二十六日から始めたのがYouTubeでの動画投稿、いわゆるユーチューバー事業です。

初めて投稿した動画では、「最近、ユーチューバーって人気じゃないですか」と動機を話しましたが、実際にはビックリマンチョコをプロモーションすることが最初の目的でした。四月一日が「ビックリマンの日」に認定されているため、そこに向けて「ファンを『ビックリ』させよう」と始まった、エイプリルフールの「お約束」のような企画。だから、初投稿から九本目まではビックリマンの宣伝動画でした。

現役時代の二〇一四年にビックリマンPR大使に就任し、同年の引退直後に終身名誉PR大使となった僕にとって、少年時代にお世話になったビックリマンチョコを世に広めるのはいわば使命であり、仕事でもあります。そのPRもひと通り終わり、ロッテ（親会社のほう）の担当者から「チャンネルを残しますか？」と聞かれました。そこで僕は、「今後、誰かに手伝ってもらいながら動画を投稿するかもしれないんで、このチャンネルをいただいてもいいですか？」と確認したところご了承いただき、いまは個人のYouTubeチャンネル「Satozaki Channel」として活用しています。

このときなぜ、YouTubeチャンネルをもらうことにしたのか。テレビ番組を例にすると、出演者の僕たちというのは孫請け、ひ孫請けくらいの末端業者です。しかも、いくら自分に伝えたいことがあったとしても、クライアントの意向に沿わなければ言えません。それがYouTubeとなると、クライアントがいません。なので「自分の言いたいことを自由に発信できるツールがあったら最強だな」と考え、自分でもYouTubeをやろうとしたのです。

しかし、困ったことがひとつありました。ご存じの方も多いでしょうが、YouTubeを収益化するには決められた再生時間と再生回数、チャンネル登録者数など条件があります。つまり、最初はどんな有名人でも「タダ働き」となる。それなりに動画のクオリティを出すとなれば撮影機材をそろえなくてはならず、編集作業だって凝らなければなりません。

僕にはそんな設備もスキルもありません。なので、ロッテにチャンネルをもらってからすぐは動画投稿をしていませんでした。

ユーチューバーとして本格始動したのは、プロ野球の大先輩であり、二〇一八年にYouTubeチャンネルを立ち上げた高木豊さん（元横浜、日本ハム）が発起人となり、同じく二〇一九年にユーチューバーデビューをした片岡篤史《あつし》さん（元日本ハム、阪神など）と僕、現在の社長たちで資金を出し合って「playful（プレイフル）」という会社を立ち上げてからです。この会社ではスポーツコンテンツの企画、運営、という名目でYouTubeのスタジオや機材を共同所有し、編集スタッフの方々を雇用しています。つまり「プロ野球ＯＢのユーチューバー集団」を会社化したのです。それぞれが出資することで、機材なども共同で購入できるし、編集スタッフも雇える。赤字を補填し合えることもメリットとなります。

こうして僕は、「最強」のツールを手に入れました。

寝ても覚めても「YouTube脳」に

「Satozaki Channel」では、ほぼ毎日、動画を投稿しています。

よくそれだけネタがあるもんですね？

ありますす。収録していない企画がつねに四十、五十くらいあります。本書が出版されるころには、さらに増えているはずです。

ネタや企画はいつ考えているんですか？

この瞬間です。執筆中に思い浮かぶことがありますし、ほかの仕事中でも、家でドラマを観ているときにだって、ふと思いつくことがあります。そうなったら、たとえテーマが断片的であったとしても、なんでもスマートフォンのメモに残しておくようにします。

たとえば、優勝争いをしているチームが選手のトレードを発表したとします。その情報を新聞などで知れば、「新しい選手が入ってきたときって、同じポジションの選手ってどんな気持ちなんだろう？　ファンの人は知りたいんじゃないか？」とか「シーズン途中のトレードにはどんな意味があるのかも知りたいのでは」「そもそも日本だとトレードってネガティブに捉えられがちだよな」みたいに閃《ひらめ》くわけです。

このように、多彩なネタが降りてくるため、その分、忘れやすい。だからメモをする。そうすると、どんどんストックが増えていく。なんにも難しいことはありません。

「自分でなんでも発信できるツールがあったら最強だな」

そんな想《おも》いから始まったYouTube。おかげさまで収益化もされています。各動画の再生回数も軒並み十万超えと順調に運営させてもらっていることもあり、僕の「YouTubeアンテナ」が無意識にネタをキャッチするようになっているのでしょう。

溜めている企画は、基本的にスタジオで撮影するものです。選手の移籍情報や試合プレビューなど速報性が求められるネタは、スマートフォンで録画してすぐに編集スタッフに送るようにしています。この類いの動画は十分程度なのでそこまで手間がかかりませんが、大事なのは「すぐに収録（行動）すること」です。

YouTubeの世界は甘くありませんからね。

必然的に「プロ野球OB屈指のユーチューバー」に？

「Satozaki Channel」のチャンネル登録者数は約四十八万人（二〇二一年十月現在）。くまなく調べたわけではないため違っているかもしれませんが、プロ野球OBではトップクラスのはずです。

これもひとえに、僕のチャンネルを登録してくださっている人、視聴者のみなさんのおかげです。

「Satozaki Channel」はプロ野球OBが運営するチャンネルのなかで異質だと言われます。かといって、奇をてらったことはなにひとつしていません。やりたい企画を遂行し、言いたいことを言う。これだけです。

ではなぜ、プロ野球OBのチャンネルでも異質な存在でいられるのか？

理由は簡単です。ほかは同じ企画が多いから。現役時代の昔話。ゲストも同じ人がいろんなチャンネルに出演していて、なおかつ話す内容も代わり映えしないため、視聴者の立場としては誰のチャンネルを観ればいいかわからない。

「じゃあ、里崎のように歯に衣着せぬ物言いをすればいいじゃないか」

僕は別に舌鋒鋭く話しているつもりはありませんが、多くのOBの方々はきっとそれができないんでしょう。なぜなら、将来的にプロ野球で指導者としてユニフォームを着たいから。各チームにとって悪いこと、あるいはネガティブに捉えられてしまうことが言えない。気持ちはわかりますけどね。

でも現実は、言いたいことを言って、やりたい仕事をしていても、現場に戻れる人は戻れます。巨人で一軍投手コーチをしている宮本和知さんやヘッドコーチの元木大介さんがなによりの好例じゃありませんか。おふたりは、ユニフォームを着ていない間はバラエティ番組にも出演したりと、好きなことで生きてきたかと思います。そこでひとたび現場に招聘《しょうへい》されれば、指導者としての手腕を発揮する。彼らが就任してからの巨人はセ・リーグで二年連続優勝していることからも、仕事ぶりは評価してしかるべきだと感じます。カラーが似ているプロ野球ＯＢのYouTube界だからこそ、僕は負けるわけにはいきません。今後も個性を出して邁進《まいしん》し、当面の目標はチャンネル登録者百万人です。

仕事は遊び、やりたくなければやらなくていい

この章の冒頭でも言った通り、僕は現在、本業であるプロ野球中継での解説やスポーツ新聞の評論以外にも数多くの仕事をさせてもらっています。

プロ野球専門番組に朝のワイドショー、ラジオ番組。そのほかにも雑誌やインターネットサイトのインタビューなど単発の仕事を含めれば、数え切れないほどです。せわしない

日常。これだけの「お金」をいただける——なんて幸せ者でしょうか。

僕は基本的に仕事を選り好みしません。なぜなら、仕事を「遊び」と捉えているからです。

プロ野球選手時代からそうでした。「真剣勝負の舞台を遊びだなんて」。そう苦言を呈したい人もいることでしょう。ただ、僕は小さいころから野球が大好きで、ずっと楽しんでやってきました。それは、否定のしようのない事実です。プロに入ってからも「楽しく野球をやるために」努力してきました。だから、僕にとって野球、そして仕事は遊びと同義なんです。その成果として、引退後もこうやってたくさんの「遊び」と出あえているわけですから、僕の考えは間違っていないんだと思っています。

そんな僕にも、当然「NG仕事」があります。

代表的なところを挙げれば走ることです。たとえば、「ホノルルマラソンを走ってください」。そんなオファーは届いた瞬間にお断りします。これは後述しますが、僕の引退の原因のひとつにひざの故障がありましたし、そもそも走ることが好きじゃない。にもかかわらず、マラソンに向けて練習をするなんて全然楽しくない。時間内に完走だってできない。だから、仕事を受けない。どれだけ高額を提示されても、僕が首を縦に振ることはありません。

ただし、同じ走る仕事でも、「24時間テレビ」の名物コーナーである24時間マラソンは、企画の趣旨に賛同しているので「走ってみたい」と思っています。これならばお受けするかもしれません。

このように、僕の仕事に対する理念は単純明快です。

お金がもらえるからオファーを受ける。遊び感覚でできそうだから仕事する。でも、高額なギャラだとしても楽しめそうにない企画は断る。

やる前から難しく考えすぎるから、仕事が楽しくなくなる。「自分がやりたいか、やりたくないか?」くらい、ゆるく考えるべきではないでしょうか。

スタート地点は「小児ぜんそく」と「初打席初三振」

さて、ここからは、僕が一番大好きな「遊び」であり最初にして最大の「仕事」である野球に出あい、好きになっていった過程を書いていきます。

僕の生まれ故郷は徳島県鳴門市《なると》。四国の東側、鳴門海峡の西側に位置しています。名物は鳴門金時とレンコン。海に近いことから鯛《たい》やハマチ、わかめといった海産物もおいしく、塩も名産です。

本州出身の方からすれば「四国の四県は移動しやすい」とイメージされるかもしれませんが、そんなことはありません。香川県は近いほうですが、西部の愛媛県松山市まで車で行くとなれば高速道路を利用しても三時間弱はついやします。同じ四国でも地域性がまったく異なり、香川と徳島は関西、愛媛は広島などの中国地方のマインドに近く、高知に至っては関西や中国地方に行くにも時間がかかるため、「だったら飛行機で東京に行ったほうがいい」といった感覚が根付いているくらいです。そのため、徳島出身の僕は、四国のほかの三県になかなか行く機会に恵まれません。

そんなわけで、僕は高校を卒業するまでの十八年間、ほとんど徳島から出ませんでした。もしかしたら気になる野球好き読者もいるかと思うので、念を押しておきます。徳島県出身だからって、みんながみんな池田高校に憧れていたわけではありません。

たしかに僕の世代が野球少年だった一九八〇年代の池田は、一九八二年夏の甲子園で初優勝、翌年春と一九八六年のセンバツ高校野球でも全国制覇するなど黄金時代でした。でも僕は、そもそも野球をまったく観ない少年でしたし、当時は鳴門市から池田のある三好郡（現・三好市）まで車で四時間近くかかる。そんな遠いところまで野球をしに行く気にはなれませんでした。

僕が野球を始めたのは、いたって単純。友達のほとんどがやっていたからです。これがもし、サッカーだったら、いまの僕は「元Jリーガー」だったかもしれません。

運命の歯車が動き出したのは、大津西小学校の二年生だったとき。

一時期、クラスメートの男子三分の二が地元の「大津西スポーツ少年団」で野球をしており、「じゃあ、自分も」と始めたのがきっかけでした。ちなみに当時は、爆発的ヒットを記録した「ファミコン」の愛称で知られるテレビゲーム機、ファミリーコンピュータが発売されたばかり。かつてのゲーム機はいま以上の「高級品」。おいそれと子供が手に入れられる代物ではなく、ゲームして遊ぶことは一般的ではありませんでした。そのため、遊びと言えば近所の友達やお兄ちゃんたちと、公園や河川敷でサッカーやキックベース、野球をしていたものでした。そのなかで僕が選んだのが野球です。

クラスメートたちは一年生から野球を始めていた人もいたなか、僕の「スポ少」入団は二年生でした。

現在の自分の姿からは想像もつかないでしょうが、実は小児ぜんそく持ちでした。小型の吸入器は必須でしたし、母親は僕といるときはつねに酸素ボンベを持ち歩いていたくらいです。小学二年生から野球を始めたものの頻繁に発作を起こしていたため、病院の先生から一度、ドクターストップを宣告されたほどでした。

それなのに、なんで野球をやめなかったのか？　簡単です。友達がいなくなるから。学校が終わってグラウンドに行けば、友達と野球をして遊べる。でも、やめてしまったら両親は共働きだし、家にひとりっきりでつまらない。いま、振り返るだけでもぞっとします。前述したように僕の小学生時代と言えばビックリマンチョコが大ブームでしたから、シールを求めていろんな店を渡り歩いていたのかもしれませんが、それも友達と一緒だから楽しいというもの。

ちなみに、僕の人生初打席は三振でした。

それでも、このときは野球の結果より友達と一緒にいることが楽しかった。野球を続けたからプロになれたし、大好きなビックリマンのPR大使にもなれた。相反する点と点が、約二十年後に線となって結びつく。これだから人生はやめられません。

「キャッチャー・里崎誕生秘話」

小学時代に僕が所属していた大津西スポーツ少年団は、とにかく厳しいチームでした。一度、格下のチームに勝つことができず、監督から「千本スイング」を命じられたことがあったくらいです。オフシーズンにもなると、毎日一・五キロから二キロは確実に走らされていましたし、二百メートルのインターバル走なんかも当たり前のようにやらされていました。その甲斐《かい》あって、僕の小学校は地域の駅伝大会では滅法強かった。

このように、とにかく練習するチームでしたから、厳しさに耐えきれず途中で辞めていく人も少なくありませんでした。物事の捉えかたはそれぞれなので否定はしませんが、そこまで野球が好きではなかったということでしょう。小児ぜんそく持ちだった僕は、小学生の間は吸入器が不可欠でしたが、身体的な苦しさを忘れるくらい友達と一緒に遊べることのほうが楽しかったし、「野球がもっとうまくなりたい」と純粋でした。だから、厳しい練習もそのためには必要なんだと割り切ってやれていたと思っています。そのおかげで、小学生の成長期に心肺機能が高められ、持病を克服できたのかもしれません（真偽のほどは定かではありませんが）。

ただ、厳しいチームながら選手は一学年十人以上と多かった。六年生までの全学年だと六十人を超えるため、AチームからDチームまで四つの組に分けられ、必然的に学年が上になればなるほどレベルが高いカテゴリーに入るわけです。時代背景的にまだ野球人口が多かったため、ほかの学校もこのようなチーム編成をしており、Cチーム同士の大会があったりと、低学年から試合に出られたことで野球をする楽しさを失わずに済んだのかもしれません。

そんな環境で、僕が最初に与えられたポジションは内野のショートでした。そこから外野のセンターにコンバートされ、再びショートへ。キャッチャーとなったのは小学四年生でした。

当時、プロ野球中継や甲子園を観ていなかった僕にとって、憧れの選手なんていませんでした。だから、「この選手が守っているから」という希望などなく、監督に「やれ」と言われるがままコンバートを繰り返し、キャッチャーにたどり着いただけ。当時はこのポジションを好んでいたわけでなく、かといって嫌々やっていたわけでもない。「監督に言われたし、ほかのポジションはみんな俺よりもうまいからなぁ」くらいの感覚でした。

これが「キャッチャー・里崎誕生秘話」です。ちなみに、六年生時の打順は一番でした。なぜなら、短距離走が速かったから。

事実、この布陣で結果が出たため、ことさらポジションを変える必要性がなかったし、自分としても当然だと受け入れていました。所属する大津西スポーツ少年団は地域の強豪チームで、大会では上位進出が当たり前。同じ地区に「里浦スターズ」というライバルチームがあったんですが、そことと優勝を争うような構図でした。野球は楽しいし、勝てるチームにいる。周りもうまい選手ばかりだから、「自分ももっとうまくなりたい」と練習に励むようになる。

でもまさか、ここから「生涯一捕手」になるとは思いもしませんでした。

「生涯野球好き」が確定した中学時代

人生にはたくさんの選択肢があり、年齢を重ねていくにつれ自分で決断していかなければなりません。僕が野球と出あえたのも、小学校のクラスメートの大半がスポーツ少年団に所属していたから――というように、この年頃までは誰もが周囲に流されがちなのかもしれません。

自分の意志で可能性を一気に広げられるとしたら、それは中学生からです。

この時点で、人生で果たすべき最優先事項――「一丁目一番地」が仕事だったとしたら、「将来はいい大学に入って、いい職業に就きたい」と私立中学を受験するかもしれません（もっとも、徳島県には私立中学は少なかったのですが……）。

スポーツに置き換えれば部活動です。小学校と比べて格段にクラブ数が増えることで、野球のスポーツ少年団に入っていた仲間も「自分は野球よりサッカーが好きだ」と思えばサッカー部に入るし、「バスケのほうが向いているかもしれない」と可能性を見出《みいだ》せばバスケットボール部に入部するでしょう。ちょうど僕らの世代は、あの名作「ＳＬＡＭ Ｄ

UNK」がリアルタイムで連載されていたためバスケブームが巻き起こり、部員が急増した背景がありました。その一方で、「俺はスポーツに向いてない」と感じた人は帰宅部となり遊びに走る。もしかしたら、これが一番多かったかもしれません。

そんななか、鳴門第一中学校に入学した僕は迷わず軟式野球部に入りました。小学時代のチームメートはもちろん、ほかのスポ少で鳴らしたライバルが入学してきたこともあり、「これはますます強くなるな」と楽しみで仕方がありませんでした。

僕は小学校から引き続きキャッチャーを守りました。ほかのポジションは自分より上手な選手がたくさんいる。でも、キャッチャーならば自分が一番。コンバートする理由がありませんでした。

練習に至っては、はっきり言って「楽」のひと言。

中学に入ると先輩、後輩の上下関係が明確化します。野球部のみならず、「先輩を敬う」といった教育は学校全体でありましたから当たり前だと思っていましたし、練習も小学校から厳しかったので違和感はありませんでした。そもそも、僕にとって野球とは、そういった要素すべてをひっくるめてのもの。だから、やめる理由など皆無でした。

僕らの世代が最上級生となった二年生の夏からはもう、楽で楽で仕方がなかった。野球部の顧問の先生はあまり練習には顔を出さなかったため、自分たちで練習メニューを決め、自由にやる。みんなバッティングが好きだったので、とにかく打ってばかりいました。あと当時は、僕も含め学習塾に通っている部員が多かったため、週に二日ほどは練習を途中で切り上げたり。とにかく気ままでした。かといって、野球は手を抜いていたわけではなく、「やるときはやる」。これはチームにとって共通事項でしたし、素材がいい選手が集まっているわけですから中学では負けなし。春と夏の徳島大会では優勝。いずれも四国大会決勝まで勝ち進み、春は高知県の高知中、夏は香川県の古高松中と、当時の強豪校に敗れ、全国大会まであと一歩及びませんでした。

僕にとっての野球とは、究極の表現をするのなら「呼吸」と一緒です。好きだからする、嫌いだからしないではなく、しなくては生きていけない行為。「なぜ野球をするんですか?」と聞くのは「なぜ呼吸をしてるんですか」と聞くのと同じこと。本当に好きなことをするのに理由はいりません。

「四年間、遊べるな」と東京の大学へ（でも、過ごした場所は……）

僕が鳴門第一中学校から鳴門工業へ進学したのは、当時の野球部監督、高橋広先生の言葉が決め手となりました。

「大学でも野球を続けられるような選手になってもらいたい」

このひと言でモチベーションを高めた僕が、明確に大学進学を決断したのは高校二年の秋。高橋先生に「大学に行くか就職するか、いまのうちに決めてほしい。もし大学に行きたいのなら、しっかり親御さんの許可をもらうように」と言われました。このときは「なんか、就職とかピンとけぇへんなぁ」と感じていたし、先生は「大学なら東京がいい」と常々言ってくださっていたので、決断は早かった。

「東京で四年も遊べるのか。それならやっぱり、大学に行きたいな」

親に気持ちを伝えると「智也のやりたいようにやりなさい」と背中を押されたことで、僕の進路は一本に絞られました。最後の三年夏の大会が終わると、高橋先生からいくつかの大学を提示してもらいました。これは後々聞いた話なんですが、高橋先生が駒澤大学に僕を売り込もうとしたところ、当時の太田誠監督が「うちはやめたほうがいい。九州からどえらいキャッチャーが来るから、試合に出せる保証はない」と。その男こそ、別府大学附属高校（現・明豊《めいほう》）の城島《じょうじま》健司でした。結局、一九九四年のドラフト会議で福岡ダイエーホークス（現・福岡ソフトバンクホークス）から一位指名を受けたことで駒澤大学には入りませんでしたが、プロ野球界でも「ナンバーワン」と呼ばれ、メジャーリーガーにもなったほどのキャッチャーです。太田監督の助言を受け入れた高橋先生の選択は正しかった。これに尽きます。

「大学でも野球を続けてもらえるような選手に」。その想いで高橋先生が最終的にすすめてくれたのが、帝京大学でした。

同大学が所属するのは首都大学リーグ。早稲田大学や慶應義塾大学などが所属する東京六大学リーグや、亜細亜大学や駒澤などがいる全国トップクラスの東都大学リーグより劣るものの、東海大学など実力校がひしめくレベルの高いリーグです。とはいえ、当時の僕にはそんな予備知識はなく、「これで東京の大学に行ける！」と喜んだものです。

田舎者にとって、東京は異世界。大袈裟《おおげさ》でもなんでもなく「テレビのなかの世界」でした。土地勘もなく、東京と言えばどこに行っても新宿や渋谷、池袋のような大都会だと、なんの疑いもなく思い込んでいました。

初めて帝京大学のグラウンドに行ったときのことです。

徳島から飛行機で羽田空港まで行き、東京モノレールで浜松町へ。そこからＪＲ山手線に乗り換え、東京駅で中央線に乗り継ぎました。オフィスビルが立ち並ぶ大都会・東京の姿は壮観のひと言。電車は西へと向かいます。新宿はテレビで見ていた光景が広がっていましたが、少しずつビルの高さが低くなっていく、吉祥寺、立川……徳島より断然都会ではあるけれど、少しずつ違和感を抱きはじめていく。「俺はどこへ向かっているんだろう?」。時は九〇年代。インターネットもなく、グーグルマップのストリートビューなどで現地の様子をリアルに確認することもできません。地図は紙。それだけではビジョンが浮かぶわけがありません。

中央線は終点の高尾駅に到着し、そこから中央本線に乗り換えてさらに西へ向かいました。電車がいくつかトンネルを通り抜けている最中に不安が襲ってきます。

「なんか、俺の地元より田舎っぽくないか?」

トンネルを抜けると、そこは相模湖《さがみこ》でした。

駅からバスに揺られ、最寄りのバス停に到着。さらに二十分ほど歩き、ようやく野球部のグラウンドに到着しました。

僕が四年間暮らす場所は、東京ではなく神奈川県でした。

しかも、人生で初めての寮生活。高校生まで守られていたプライベートな空間と時間が失われる辛《つら》さをここから体験するわけですが、僕は割り切りました。

「きついのは俺だけじゃないし。野球できるから、まあいっか」

そんな場所で四年間を過ごしたのち、一九九八年に千葉ロッテマリーンズに入団。

こうして一番好きな遊びを職業にすることができたのでした。

ネタにされるライブやディナーショーは、僕が「ネタになってあげている」

僕はどんな職業でも「自己プロデュース」は可能だと思っています。

プロ野球界というのはいまも昔も、全国的に読売ジャイアンツ（巨人）の影響力がどうしても強い。現在では民放でのプロ野球中継がほとんどないものの、新聞の一面は巨人ばかり。仮に千葉ロッテマリーンズの僕とまったく同じ成績の選手が巨人にいたとすれば、間違いなくそちらのほうが有名人になってしまう。それが嫌だから、僕は現役時代に数々の仕掛けをしました。

大きなところを挙げれば「球場ライブ」と「ディナーショー」です。

二〇〇五年五月二十九日に初めて行った球場ライブは、「試合後に歌えばファンの方々に喜んでもらえるのではないか」と、ほぼ僕の独断で開催しました。千葉マリンスタジアム（現・ZOZOマリンスタジアム）には、球場正面にイベントなどで使用されるステージが常設されています。そこを使ってやろう、と。思い立ったらあとは簡単です。球団スタッフに「試合が終わったらステージでライブするから」。これで準備完了。企画に導かれるように、この日の横浜との交流戦で一回に那須野巧《なすのたくみ》選手から先制の満塁ホームラン。勝利投手となった渡辺俊介をヒーローインタビューのお立ち台で巻き込み、ファンに告知し、球場ライブを実現させました。

自己プロデュースにおいて大事なのは、「本人が楽しめるかどうか」です。

ほとんどの人にとって、ライブとは「ステージに立つ側」でなく「ステージを観る側」です。オーディエンスの気持ちしか知らないのなんてつまらない。だから、フロントマンとしての景色を見てみたかったし、高揚感を体験してみたかった。二〇一四年九月二十八日の引退試合後にも「引退ライブ」をしましたが、あれもモチベーションとしては同じです。プラス、ファンのみなさんへの感謝の気持ちを伝えたかったからでした。

ディナーショーも動機は一緒です。

「楽しそうやな。俺もやってみたい。大物歌手が気持ちよさそうに歌いながらテーブル回るって、どんな気分なんやろう？」

最初に企画したのは二〇〇八年。〈プロ入り十年を祝うディナーショー〉と銘打って、僕が企画、プロデュースし、マリンスタジアム近くの「アパホテル&リゾート 東京ベイ幕張」で開催しました。料理に関しては本職の人にお任せしたほうがいいので口は出しませんでしたが、会費は一万二千円（税・サービス料込み）と強気の価格設定で攻めさせていただいたものの、当日は四百人ものファンの人たちに来ていただき、多分大盛況だったかと思います。引退直後の二〇一四年十二月にも、同じ場所で〈引退記念 里崎智也ディナーショー〉を開催。このときも会費は大人一万三千円（税・サービス料込み）と前回より千円増しにもかかわらず、四百人が集まってくれました。

自分が楽しめるかどうかも大事ですが、人がやっていないことをやることも自己プロデュースでは大事な要素のひとつではないでしょうか。どんな分野でもパイオニアは重宝されるもの。しかも、このときの僕はロッテでも主力として試合に出ていましたし、球団が納得するだけの成績も残していました。したがって、乱暴な表現ですが「僕がリクエストすれば、球団も協力してくれる」わけです。その立場を利用しない手はない。

このような僕のアグレッシブなプロデュースは、ファンの間でたびたびネタにされてきました。

代表的なのが、二〇一四年のビックリマンPR大使の就任でしょう。ビックリマンシリーズ「第一弾」から登場する「スーパーゼウス」と「鬼ガシ魔」について思い出話をしたら、マリーンズの親会社のロッテさんが「里崎ゼウス&里ガシ魔」のオリジナルキャラクターをデザインしてくれて、大きな話題となりました。

一方で、個人的には面白みを感じない、謎な「ネタ」も存在します。

あれはたしか二〇〇八年。「打撃天使ルリ」というテレビドラマで間接的に出演させていただきました（実際の試合映像をドラマに挿入しただけ）。僕もよくわからないんですが、なにやら劇中でサヨナラホームランを打ったらしく、そこからなぜか「大天使里崎」とネットユーザーから言われるようになったとか。正直、なんとも思っていませんし「それで喜んでくれるならいいいんじゃない」くらいの感想です。

もしかしたら、ファンのみなさんは「里崎はよくネタにされる」と感じているかもしれませんが、それは大きな誤りです。

「里崎がネタになってあげている」

これが正解です。ライブもディナーショーも、僕がネタにされるように仕掛けている。「ちょっとバカにしすぎじゃない。もうやめてよ」と言えば終わりなんです。でも、そんなことで目くじら立てても仕方がない。みんなが楽しんでくれればいい。だから、放っておいているだけなんです。すべての決定権は里崎智也にある。お忘れなく。

余談ですが、僕がファンサービスをするか、しないかは気分次第です。

街角で僕を見かけたら、声をかけていただく分にはまったく問題ありません。でも、そこでサインを書くか、一緒に写真を撮るかはそのときの気分なんで、断られても悲しんだり怒ったりしないでくださいね。

いつかやりたい「遊び」——「野球道検定協会（仮）」計画

二〇二〇年十二月。大学野球界で画期的な組織が誕生しました。

「帝京ベースボールジュニア」。僕の母校である帝京大学野球部が運営する学童野球チームで、大学球界では初の試みとなります。

昨今の人口減少に伴い野球人口も下降線をたどるなか、裾野拡大の一環として「大学から少年野球を育成していこう」を目指し、僕はありがたいことに会長に任命していただきました。といっても、普段は僕にもほかの仕事があるため「できる限り携わらせてもらいます」という契約となっています。二〇二一年に入ってからは、新型コロナウイルス感染拡大による緊急事態宣言が断続的に発出されたため本格始動とはなっていませんが、ここからどんどんアピールしていきます（二〇二一年一月二十日に「Satozaki Channel」の動画で詳しく説明していますので、そちらも併せてご覧ください）。

この取り組みに近い構想は、僕も漠然と練っていました。

今後、やりたいことがたくさんありますが、なかでも「時間が許す限り挑戦してみたいな」という試みのひとつに「野球道検定協会（仮）」の設立があります。

簡単に言えば、柔道や空手、剣道のように野球も「道《どう》」として捉え、級や段といった資格を設定することによって、上達を明確化することを目的とします。

野球やサッカー、バスケットボール、バレーボールなど、主に球技は主観や印象以外で「どれだけうまくなったか？」と判別できる物差しがありません。とくに体力がない小学校低学年などは、打つ、投げる、捕るなど、実際には優れた分野があっても「まだ小さいから」と見過ごされがちだし、小学校高学年や中学生で補欠の子でも「バッティングはからっきしダメで内野守備も下手だけど、実は肩がめちゃくちゃいい」などの、隠れた才能が発掘されにくい。そういう個人の特徴をできるだけ可視化するには、持ってこいの取り組みだと考えるわけです。

さらにこの仕組みは、指導者にもメリットがあります。

たとえばいま、僕の子供がスイミングスクールに通っています。みなさんも小さいころに経験があるように、泳ぎはまず水に慣れることから始まり、水に顔をつける、水に浮くと段階を経て、ようやく泳ぎかたを教わります。いきなり「泳げ」と言われてもそもそも泳げませんし、最悪のケースともなれば「水が怖い」とトラウマになる事態に陥りかねません。せっかくの個性や才能の芽を摘んでしまうわけです。

野球も同じです。ただボールを捕って投げろ、バットを振れではなく、「飛んでくるボールに対して恐怖心をなくさせるにはどうしたらいいか？」とか、初歩中の初歩から子供たちに教えていく必要がある。その判断基準を「級」や「段」でカテゴライズすることで、その子がいま、どの程度、野球が上達しているのかを判別できる。これは子供に限らず、大人も同じ。もしかしたら、草野球のおじさんたちのほうが積極的に「有段者」を目指すんじゃないでしょうか。

学生野球憲章で縛られている高校生や大学生にしても、別に規則に抵触することなく受けられるかと思います。「野球道検定協会（仮）」はシステムであって、必ずしも元プロ野球選手が教えるわけではありません。「三級に合格するためには、ここまでできるようになりましょう」と指導する側が教えればいいだけですから、プラットフォームさえ固めてしまえば、それこそ水泳教室のように経験者であれば誰だって教えられる仕組みです。

このように構想は壮大ですが、本気でやるとなると時間とお金をついやすこととなります。

たとえば、ピッチャーなら「有段者になるには一定以上のコントロールが求められる」となれば、九分割された正方形の「ストラックアウト」のような的などを購入しなければならないところでしょうが、僕としてはそれではなく、今後を見据えればAIを駆使したシステムを構築していかなければならないだろうな、と思うわけです。具体的に教えてしまうとほかの人にパクられてしまうので（これまでの解説の時点ですでにパクられるかもしれませんが）ここまでにしておきますが、そういった機材なんかもスポーツメーカーさんなどと共同開発していけたらいいなとか、とにかく準備には本当に時間とお金がかかってしまいます。

ですから、いまの僕の仕事量からしても、なかなか取り掛かれない。「時間をかけて少しずつ」と片手間でできるほど小さなプロジェクトではありませんから、できれば僕が構想だけ細かく練って、あとはコンサルタント業務に集中。実務はほかの人が担当してくれればベスト――とも考えてしまったりします。

もしも、この「野球道検定協会（仮）」を実現させることができたとしたら、これ以上ない「遊び」になるとは思いませんか？

野球人口増加のカギを握るのは、「女子野球」と「お母さん」

二〇二一年の全国高等学校女子硬式野球選手権大会は、兵庫県の神戸弘陵学園高校が高知中央高校を四対〇で下し、五年ぶり二度目の全国制覇を達成しました。

両校による決勝戦が行われた八月二十三日は、まさに「歴史的な一日」でした。

なぜなら、二十五回目の大会にして初めて甲子園を舞台に戦ったからです。

男子の全国大会の休養日を活用して女子の決勝戦が開催されたことは、大きな話題を呼びました。僕自身も女子野球が甲子園で行われたことは、今後の野球界発展にとっても大きな一歩だと感じていますし、来年以降もぜひ継続していただきたいものです。

昨今、野球人口の減少が止まりません。日本の少子高齢化も大きく関係しているとはいえ、ただ憂いているのではなく、増やすための改革をしていかなければいけない——。そこで僕が提案したいのが、女子野球の裾野を広げることです。

高校を例に挙げれば、二〇二一年時点で日本高等学校野球連盟に加盟する高校は三千八百九十校。一方で、全国高等学校女子硬式野球連盟の加盟校はたったの四十三校です。日本の場合、中学まではリトルシニアやボーイズリーグなど、女子も男子と同じチームでプレーできていますが、高校の部活動からは完全に区別されます。女性も野球部の入部は認められていますが、試合に出場することはできない状況が現実としてあります。だからこそ、小学校の女子チームを増やし、中学校では部活動として女子野球部を導入するといった取り組みが必要となります。

僕は「現在」ではなく「未来」を見据えています。

女子野球部が増え、高校野球の全国大会が男子と同じように毎年、甲子園で開催されるようになる。そうすれば、夢舞台を目指す選手は確実に増えます。その彼女たちが成人し、お母さんになってから男女関係なく、子供たちに野球を教えられるようになる。このサイクルの構築こそ、野球人口の増加につながると僕は考えているんです。

いまの少年野球の現場におけるお母さんの役割は、子供の送迎などいわゆるお手伝い。仮に専業主婦の家庭でお父さんが野球経験者だったとしても、平日は仕事でしょうから子供を教える時間が圧倒的に少ない。

そこでもし、お母さんが野球経験者だったら？

チームによっては指導者として子供たちに教えることも可能だし、家に帰ってからも練習のパートナーとして支えられる。なにより子供は、親の影響を受けやすい。だからこそ「野球経験者のお母さん」は大きな強みとなるんです。

自分が小さいときから最も近くで見守ってくれている存在であるお母さんが「一番の遊び相手」になってくれる。最高じゃないですか。

第三章　プロ野球選手のすすめ

――本業を嫌いにならないための考えかた

「本職が居酒屋で野球の話をする」強み

プロ野球では「神様」みたいな成績を残す人がいます。

そこまで野球に興味がない人でも、巨人での現役時代に「ＯＮ」として人気を二分した「ミスタープロ野球」長嶋茂雄さんと「世界のホームラン王」王貞治さん。日米通算四千安打を達成したイチローさんあたりを「神」と言えば納得できるでしょう。

さらにわかりやすい基準を明示するとすれば、バッターなら通算二千安打、ピッチャーなら通算二百勝もしくは二百五十セーブを達成した「名球会選手」のなかにも、その部類に該当する選手は当然のように多いです。

現役時代に「超一流」の実績を残したわけですから、周りから一目置かれるのは当然のこと。仕事をオファーする側としても、企画を吟味して依頼していることでしょう。

僕の通算成績は八百九十安打。千葉ロッテマリーンズの生え抜きキャッチャーで唯一「通算百本塁打」を記録しているため「名選手」と紹介されることはあれど、自分を客観的に見て「神」と呼ばれるだけの成績を残したとは言えません。

でも、全然悔しくありません。僕は神様たちがやっている仕事もできるし、できない仕事だってできるから。むしろ、前者で対等に渡り合っても勝ち目は薄いため、後者の分野――プロ野球の神々が降りてこない下界の仕事を支配してやろうくらいの意気込みです。

そのひとつとしてわかりやすいのが、再三話している「Satozaki Channel」です。神々のなかにはチャンネルを開設した方もいます。それだって、もともとは高木豊さんと僕がパイオニアであり、女性のアシスタントとともに番組を運営するなどのスキームも提供したと自負しています。僕はそれだけでは満足できず、「人がやりたいけどできないこと」を、さも平然とやるようにしています。

たとえば、各球団から成績を残せていない注目選手をピックアップして「あなた、このままだとチームで居場所がなくなるから頑張りなさいよ！」とエールをおくる、「崖っぷち選手企画」です。

ファンからすれば、そんな「崖っぷち選手」を聞けるのは面白いでしょうが、現場に近い解説者たちは思っていても言えない人が大半です。このような突っ込んだ内容は、本当はメディアもするべきなんですが気を遣っているのかできていない。じゃあ、誰がやるか？　僕でしょ！　と、このようなスタンスで日々、楽しませてもらっています。

僕がYouTubeや新聞、テレビで語っているようなことというのは、野球ファンが居酒屋で喋っているのと変わりません。大きな違いは、それを「本職」がしていること。だから、世のお父さん方、これからも自信を持って「里崎がこう言ってた」と居酒屋（のような場所）で論じてください。

仮に間違ったことを言ったり、失礼なことを言いすぎたりしたとしましょう。そのときは、素直に謝ればいいんです。

僕は謝罪をまったく苦にしません。興味を持てば時に「はったり」でもいいから「勇気」を持ってかます。「愛嬌《あいきょう》」たっぷりに自己主張して、それでもダメだったら謝る。はったり、勇気、愛嬌。この三原則をうまく使えば、人生、だいたいは乗り切れます。

里崎流野球観戦ポイント

「Satozaki Channel」の名物企画（？）に「全チーム全試合総チェック」があります。これは、三連戦を対象に一日十二球団六試合、計十八試合を総括する動画で、基本的に毎週月曜日と金曜日に投稿しています。

物理的に大変じゃないか？　と思われる人もいるでしょう。ええ、死ぬほど大変ですよ。ただしこれは、現役時代はもちろんのこと、野球評論、解説で培ったスキルと申しますか、試合のすべてを頭に詰め込まずとも、ポイントさえ押さえてしまえば、あとは該当する選手やシーンをおさらいして喋ればいい。これはYouTubeに限らず、テレビ出演などでも応用している手法です。

ここでは「里崎流野球観戦ポイント」を教えましょう。

僕が解説者として担当しているカードの場合はリアルタイムで観ていますから、現地で情報を収集します。ほかの試合に関しては、まずは「予告先発」で当日の先発ピッチャーを確認。東北楽天ゴールデンイーグルスの田中将大《まさひろ》選手やオリックス・バファローズの山本由伸選手、読売ジャイアンツの菅野智之《すがのともゆき》選手などエース級のピッチャーが投げる場合は、その選手のピッチング内容を注視します。そこで、期待通りの好投をすれば彼らをメインにすればいい。打たれたりしたら、攻略できた対戦チームの打線に目を向けてテーマを決める。

新聞も貴重な情報源です。僕が評論をやらせていただいている「日刊スポーツ」は必ず目を通しますし、他紙もタイミングよく仕事でテレビ局に行くことがあれば必ず置いてあるのでチェックします。

これはファンの方も重宝しているかと思いますが、スマートフォンアプリ「SPAIA《スパイア》」の「プロ野球一球速報」はかなり役立ちます。取り上げるシーンをより詳細に分析するために、一球ごとにコースや球種が表示され、とても便利です。文明の利器に感謝。

そして、なにより「総チェック」で欠かせない媒体が「DAZN《ダゾーン》」です。

「里崎、動画配信サービスに否定的じゃなかったか?」

そんなことありません。ドラマや映画に関しては「慎重に選ぶ」だけです。そこらへん、クレバーにフォローさせていただいておりますんで、悪《あ》しからず。

たしかにDAZNは、すぐに加入はしませんでした。なぜなら、BSなどで放映されるプロ野球中継は録画していますし、仕事場で観られることもある。前述したようなツールも駆使すれば、十分に対処できると思っていたからです。しかし……加入して「こんなに便利だとは！」と思い知らされるわけです。

ほぼ全六試合をリアルタイムで観られることも重要ですが、一週間のカードがアーカイブ（見逃し配信）として残っていること。僕も人間ですから、一度に何試合も追うことはできません。追えたとしてもしっかりチェックすることができません。だから、あとから残りの五試合の映像をじっくり観て、気になったプレーを何度も巻き戻して確認する。スマートフォンさえあれば、それがいつでもどこでもできる。アーカイブ機能は本当に画期的であり、ありがたいものです。おかげで中身の濃い「総チェック」をみなさんにお届けすることができるし、普段の評論や解説でもしっかりと自分の視点で伝えられる。こんなことなら、もっと早くＤＡＺＮに入っとけばよかった。サブスクは、確実に、頻繁に利用するのなら加入するべきですね。

もし、それでも調べきれなかった情報があったらどうするか？

答えは簡単。話さなければいいんです。テレビ出演などでも台本が決められていれば、あらかじめ「これを話します」と伝えておけばいいし、ほかにリクエストされたとすれば知っているネタを出せばいいだけ。ただ、普段からしっかり野球を観ているから、すべての仕事でどの球団のことも話せると自負していますけどね。

これらを踏まえて、「Satozaki Channel」では決まり事があります。「全チーム全試合総チェック」など、試合や選手を速報する動画に関してはひとりで出演します。僕のチャンネルでアシスタントを担当してくれている袴田彩会《はかまだあやえ》さんなど、誰かがいると相手に気を遣わなければならないし、やり取りがある分、尺が長くなる。野球そのものを題材とした真面目な企画のため、視聴者のみなさんにとってもそちらのほうが理解しやすくていいんじゃないか、と思うわけです。

最後にひとつ。僕のYouTubeを熱心に観てくださっているマニアのなかには、この項を読んで矛盾を感じている方がいるかもしれません。「『報告』とかいう『釣り』動画で一度、総チェックやめる宣言しなかったか?」と……。

そうです。二〇二〇年十月に一度やめて、二〇二一年にまた復活しました。なぜ休止したか? 仕事が忙しく、なおかつ子供の受験も重なっていたため時間がなかった。ついでに補足すれば、この時期はすでに消化試合が多く、労力が再生回数に見合っていないと判断したからです。もっとはっきり言いましょう。面倒だったんです。

でも、セ・リーグ、パ・リーグともに盛り上がり、一位から三位までのチームが出場できるプレーオフ、クライマックスシリーズ（CS）進出争いが面白い限りは最後まで続けます。あくまでも「面白い限り」ですが。

里崎式「二刀流」解説

僕はプロ野球中継での解説仕事も主戦場としています。試合を観ることは「Satozaki Channel」の「全チーム全試合総チェック」で述べたように、ゲームのポイントを押さえれば、そこまで難しい作業ではありません。

人気球団の巨人戦で解説を担当したとしましょう。

先発ピッチャーは、完投や完封など活躍する可能性が高いので押さえておきます。バッターに関しては坂本勇人《はやと》選手、丸佳浩《まるよしひろ》選手、岡本和真選手の主力バッターを、第一打席から一球一球しっかり観ておけば解説は成立します。

二〇二一年に巨人で最もホームランを打っている四番バッター、岡本選手のケース。

一打席目にインコースを多く攻められて凡退したとして、二打席目は一転、アウトコース中心で攻められたためバッティングのタイミングが合わず、打ち取られたとします。その要因を「一打席目でインコースを攻められましたからね。その意識が二打席目にも影響を及ぼしたんでしょう」と解説すれば視聴者は「なるほど」と納得してくれる。試合の解説の場合はリアルタイムですから、そこまでくどくど話している時間もありません。このくらいの説明でちょうどいいんです。

では、押さえていない選手が打った場合はどうするか？

簡単です。別にまどろっこしい要素を持ち込まず、その打席はしっかり観ているわけですからそこでストーリーを完結させればいいだけ。注意点としては、前の打席で打点など得点に直結する働きをしたのであれば、そこだけは覚えておくこと。僕は現役時代、キャッチャーとして頭を使いながら試合をしていたという自負もありますし、ほかのOBの方たちも含め、プロ野球選手という生き物は結構記憶力がいいので、真剣に試合さえ観ていれば細かいところまで覚えているものです。

それらを踏まえて、解説で大事なこととはなにか？　それは「言い切ること」。プロ野球OBの先輩などからよく言われることがあります。

「サト（里崎）が言ってることは正しいか間違ってるかよくわからないんだけど、言い切るから『そうなんだろうな』って信じちゃうんだよな」

僕ら解説者は本業ですから、言い切ることによって視聴者を信じさせる。そうさせる話術も当然、求められるわけですけど。

ここまでが、「主音声」での解説の話です。

僕の場合は「副音声」での解説の仕事もよくいただきます。その際、どんなところにポイントを置いて話しているのか？

なにも考えていません。雑談です。

僕の副音声を聞いたことがある人は納得するでしょう。とにかく自由。一球、一打席と、試合を追わずにベラベラと喋り倒し、気づいたら違う選手が打席に入っていた――そんなこともざらです。相手チームのホームゲームであってもロッテのことばかり話していたり、トークにエンジンがかかってくると、一人称が「僕」から「俺」に変わっていたりすることもしばしば。

テレビ局のディレクターさんなど、制作サイドから注意されないかって？　されません。

そういう自由度が副音声には認められているからだと思います。

そもそも、副音声は聞きたくなければ主音声に切り替えればいいだけの話。主音声はホームチームとビジターチーム、いずれのファンに対してもひいき目なしに解説する必要がありますし、「聞きたくなかったら音を消せばいい」なんてことも言えませんから、前述したように自分なりの解釈でしっかりと解説させてもらっています。

主音声は「解説」で副音声は「トークショー」。

このように使い分けて、僕は解説業を楽しませてもらっています。

里崎智也の人生は「成功体験による自信」で形成されている

本書の出版が決まり妻に報告したら、こんなことを言われてしまいました。

「また本出すの。何冊目？　誰が読むの？」

そんなの僕にだってわかりません。ただ、脳科学者の茂木《もぎ》健一郎さんや、経営者のホリエモン（堀江貴文）さんなど、僕以上に著作がある方はたくさんいます。それだけ何冊も本を出せるということは、世間的に需要があるからで、僕もその対象に含まれているということ。

書籍ではありませんが、野球専門誌「週刊ベースボール」からは現役時代よりオファーが来ます。これに関しては「現役のときにもっと取材してほしかったな」と思ったりもするので、喜んでいいのかどうかわかりませんが、誰かから評価をされることはありがたいことであり、嬉《うれ》しくもあります。

頑張ったら頑張っただけ評価される。そうなると、また次のステージでも頑張ろうと思える。僕の人生は、そんな成功体験で作られています。

こと野球に関しては、成功体験ばかりしてきました。

アマチュア時代は全国制覇こそないものの、地区レベルなら高校以外はすべて優勝を経験していますし、ロッテ時代には二〇〇五年と二〇一〇年に日本一の美酒を味わいました。二〇〇六年のWBC（ワールド・ベースボール・クラシック）では、日本を飛び越え世界一にもなりました。ちなみに、この大会で僕は、キャッチャーとして大会ベストナインに選ばれました。つまり、「世界一のキャッチャー」の称号も手に入れたことになります。

僕にとって成功とは、麻薬のようなものです。

それまでどんなにしんどいことがあっても、結果を得られて評価されれば自信になる。「もっと褒められたい」と、さらに厳しい道に進み、また評価される。里崎智也という人間が認められれば認められるほど、脳内にドーパミンが溢《あふ》れ出て気持ちよくなる。報われるのは一パーセントだけかもしれない。そのためなら九十九パーセント死ぬ思いで、地べたを這《は》いつくばりながら耐えてやろうじゃないか――成功体験を重ねるうちに、そんな脳内構造となっていきました。九十九パーセントの苦労が吹き飛ぶほど、たった一パーセントの快楽が気持ちいいんです。

この思考はシンプルでわかりやすいですが、必ずしもいいとは限りません。

僕の場合、「頑張ったら成功できる」という体験を人よりも積み重ねられているため、成功していない人の気持ちをちゃんと理解できない。話を聞くと中身自体は理解できるものの、「頑張りが足りてないんちゃうの？」と思ってしまうんです。

ただ、これだけはひとつ言えます。

いくら頑張っても成果を得られないのだとしたら、原点に立ち返ってみてはどうですか？

その努力は本当に好きなことのためにやっているのか？　成功できたとして、幸福感を得られるのか？　意外と答えはシンプルかもしれません。

野球人生で唯一優勝できなかった高校時代が一番の成功体験

「優勝」という成功体験も僕の人生を形成している、ということを述べたばかりですが、実は高校時代だけ優勝を経験できていません。ただ、この三年間が一番の成功体験だと自負しています。

第二章で記した通り、鳴門第一中学校時代に四国大会準優勝と、全国大会まであと一歩のところまで勝ち進んだチームで正捕手を務めていた僕のもとに、鳴門高校、鳴門商業、鳴門工業の地元三校が「うちに来てほしい」と勧誘に来てくれました。

中学三年当時「この高校に絶対行きたい！」といった目標がなかった僕は、フラットな目線で各校の監督さんのお話を聞けました。そのなかで、とくに印象に残ったのが前述した鳴門工業の高橋広監督でした。

「高校を卒業してからも大学や社会人、もしかしたらプロでやれるくらいの力を、鳴門工業で身につけてほしい」

ほかの二校は「うちの野球部はこういうところで」と高校やチームの紹介がメインだったのに対し、高橋先生は高校の話題は半分、残りは将来的な展望で「里崎君の努力次第でいくらでも可能性が広がるんだよ」と教えてくれました。

もう、ビビビッ！　と来ました。「俺、頑張れば大学でも野球ができるんだ」と道を示してもらえるわけですから、知識がない中学生にとって夢のような話でした。

「この人についていったほうがいい」。しかも、僕が中学三年夏の鳴門工業は、県大会決勝まで勝ち進んでいたため「甲子園に行けるかも」という期待もあり、「里崎センサー」が激しく揺れたわけです。

僕が「鳴門工業に行く」と両親に告げたとき、ふたりは了承してくれました。でも、本音は反対だったと思います。徳島では「普通科の高校から地元の大学に進学し、公務員や銀行員になってほしい」という保守的な考えがいまでも残っています。鳴門市の場合なら、当時は、鳴門高校から大学進学、地元の役所か銀行、優良企業の大塚製薬か日亜化学工業に就職――みたいな流れであれば、親も自慢できる。実際、僕の六歳年上の姉も鳴門高校出身だったため、その想いは強かったはずです。

かたや工業や商業となると、高校卒業後は就職する人が多く「非エリート」と見られがち。僕は野球のおかげで鳴門高校からも話が来ていたため、親としてはそちらに入学してほしかっただろうな、といまでは思います。それでも僕は、鳴門工業「一択」でした。

しかし残念なことに、僕が在籍していた時代の鳴門工業は弱かった。

甲子園出場が叶わなかったどころか、一回戦、二回戦敗退も珍しくないようなチーム。これは後年、高橋先生が監督を退任される際に発行された野球部の冊子を読んで気づいたんですが、練習試合も含め勝率五割を切ったのは「里崎世代」だけなのだとか。しかも、三割五分程度と、五割すら程遠い始末……高橋先生は、僕が卒業後の二〇〇二年のセンバツ高校野球で準優勝するなど甲子園通算十二勝の名将となるわけですから、なおさら弱さが際立ちます。

そんな里崎世代ですが、実はプロスポーツ選手をふたり輩出しています。

ひとりはプロ野球選手となった僕。もうひとりは、競輪選手の湊《みなと》聖二です。彼が在籍する「S級1班」は、競輪の最高峰レースである「G1」での優勝実績や獲得賞金からわずか九人しか所属できない「S級S班」のワンランク下ですが、二千人以上もいるプロの競輪選手のなかで約二百人しかいないクラスに所属できているだけ大したものです。

「一番弱かったお前たちの代からプロがふたりも出るなんて。わからんもんやなぁ」

高橋先生もしみじみと言っておられたくらいです。

野球の実績においてはほぼ成功体験を得られませんでした。かといって、仮に鳴門高校で甲子園に出場できていたとしても、現在の里崎智也にたどり着けていたかと言えば、答えは「ノー」です。統合を繰り返し、「鳴門渦潮」と校名が変わっても母校への想いは変わりません。鳴門工業に入ったから、高橋先生と出会えたからいまの自分がある。高校時代が僕の原点であると迷わず言えますし、つくづく自分を褒めたくなります。

やっぱり俺、人を見る目あるんやな、と。

筋肉が僕を成長させてくれた

鳴門工業での三年間は勝利より敗北を多く味わいましたが、個人として悲愴感はまったくありませんでした。なぜなら、選手としての成長を実感できていたから。

その最たる要因は、ウエートトレーニングでした。

高校入学当時、ベンチプレスを五十キロ一回しか挙げられないほどフィジカルが弱かった僕に転機が訪れたのは、二年生になってからでした。一九九三年は徳島県と香川県が開催地の東四国国体があり、鳴門工業も競技会場に選ばれました。そのため、学校の運動機材が一新されウエートトレーニング場の設備も潤沢となり、監督の高橋先生もフィジカルトレーニングに力を入れるようになりました。

ウエートトレーニングは、数字が明確化されるため成長を実感できます。ベンチプレスだけで言えば、最初は「五十キロ一回」だった僕が、三年生になるころには八十キロを二、三回挙げられるまで筋力がアップした。それに伴い打球の飛距離も伸び、高校通算ホームランは十三本。ちなみに、公式戦はすぐに負けていたのですべて練習試合での記録です。

しかも、鳴門工業のグラウンドは両翼百メートル以上と広かったので、ほかの高校だったらもしかしたら二十本、三十本は打てていたかもしれません。僕が帝京大学に入れたのも、ウエートトレーニングのおかげだと言っても大袈裟ではありません。

大学でも僕は、ウエートトレーニングによってさらなる成功体験を積むこととなります。

帝京大学が加盟する首都大学リーグで僕がデビューしたのは、二年生春のリーグ戦からで、初スタメンの試合でホームラン。しかも、そこから四戦連続ホームランのリーグタイ記録を樹立。このときはまだ先輩の正捕手がいたため、守備にはつかずバッティングに専念するＤＨ（指名打者）での出場でしたが、二十四打数十二安打の打率五割と大暴れできました。

当時の首都大学リーグには、二学年上にロッテでチームメートとなる日本体育大学の小林雅英さんがいました。ほかにも、東海大学から横浜ベイスターズ（現・横浜ＤｅＮＡベイスターズ）に入団する森中聖雄《まさお》さんなど、好投手がたくさんいましたが「どうしても打てない」と白旗をあげるようなことはありませんでした。それもウエートトレーニングのおかげ。大学でも打球の飛距離はぐんぐん伸び、四年生になるとベンチプレスで百キロを数回挙げられるまでに。ホームランも公式戦だけで通算十二本。練習試合を含めれば百本近く打っていたと思います。

高校では金属バットを使用しますが、大学では木製となります。

よく「木製の対応は難しい」「芯に当てなければ木製は飛ばない」などと言われますが、

そんな風評もお構いなし。違和感なく打てていました。だって「芯に当てなければ飛ばない」のなら「芯に当てれば飛ぶ」わけです。それを実現させるため技術的な練習に励めばいいだけであり、発想の転換の問題です。マイナスに捉えても、いいことなどありません。最終的にベンチプレスは、プロ在籍時に百二十キロまで挙げられるようになりました。目に見える成功体験。力が圧倒的についたこともまた、僕の野球人生を変えてくれました。

お金を稼ぐために「弱小球団」ロッテを逆指名

僕は一九九八年のドラフト会議でロッテから二位で指名を受けました。

当時は選手から意中の球団を指名できる「逆指名制度」（一球団二名が上限）があり、僕はその制度を利用しての入団となりました。当然のことながら、プロのスカウトから注目されるほどの実績を残せなければ逆指名はできません。帝京大学で着実に成長を遂げた僕のもとには、プロ野球のスカウトが数多くグラウンドを訪れるようになりました。学生野球憲章の規約上、選手はプロの関係者と会話をしたり、接触したりすることは許されなかったため、「自分がプロから注目されている」といった情報は監督など周辺から聞かされるしかありませんでした。

当時、大学球界のキャッチャーの間では、圧倒的な強さを誇っていた近畿大学の藤井彰人《あきひと》（元近鉄、楽天、阪神）が「西の藤井」、帝京大学の僕が「東の里崎」と呼ばれていました。それだけ注目され、逆指名できるほどの選手であれば巨人など人気球団に行きたがるものですが、僕にはそんな欲はまったくありませんでした。前述した通り、子供のころからプロ野球中継はほとんど観ていなかったため思い入れのあるチームもありませんでしたし、プロ野球選手になれるのならどこでもよかった。

ロッテを逆指名すると決めたのは、当時帝京大学の宮台俊郎監督からの助言があったからでした。

「プロ野球は、夢でもなければ憧れの世界でもない。ただの仕事だ。試合に出てなんぼだし、出なければ稼ぐこともできない」

仕事であり、試合に出れば出るほど稼げる——チーム選びこそまさしく、僕の人生における最優先事項「お金」に直結するわけです。宮台監督はこう言って締めてくれました。

「だから、早い時期から試合に出られそうなところを選べ」

僕にとって、それはすなわち「弱いチーム」でした。大学四年の一九九八年、十二球団で最も弱い球団はおそらくロッテでした。ボビー・バレンタインが監督だった一九九五年こそ二位になりましたが、それ以外は五位か六位が当たり前。一九九七年も最下位で、一九九八年もそうでした。「ロッテ＝弱い」。だから、早く試合に出られる」。これが、決め手でした。

奇《く》しくもその時期のロッテはどん底。六月十三日から七月八日まで十八連敗という、不名誉なプロ野球記録を作っています。

ドラフト会議前にロッテを逆指名し、晴れて（？）二位で指名された僕は五年目から主力となりました。二〇〇七年には初の「一億円プレーヤー」になれたどころか、日本一を二度も経験させてもらうなどロッテ〝黄金時代〟真っただ中でプレーできた。

ロッテ＝弱い→逆指名。

僕の選択は、間違っていませんでした。

プロ一年目の大怪我《おおけが》で悲観的にならなかった理由

一九九九年。ロッテでのプロ野球生活のスタートは比較的、順調だったかと思います。開幕は二軍スタートながら、バッティングに関しては四十九試合に出場し、百二十九打数四十三安打、八本塁打、二十五打点。打率三割三分三厘は、ロッテが所属するイースタン・リーグでも上位をキープするなど、持ち味をアピールできていました。

そんな矢先の七月、事件が起こります。

その日は秋田での巨人戦でしたが、雨で中止となりました。でも、練習は行い「アメリカンノック」という、外野を百メートルほどダッシュしてフライを捕球する、経験した人なら誰でもわかるとても過酷なメニューをこなしていました。

ラスト一本。コーチから「これ捕ったら終わりな」と言われれば、さすがに「よし、ちゃんと捕ってさっさと帰ろう！」とやる気が漲《みなぎ》るもの。ダッシュをしながら打球を追うと、ギリギリで捕れるか捕れないかのきわどい位置にボールが落ちそうだったので飛び込みました。

「痛っ！」

芝生に滑り込んだ際に、キャッチャーミットが地面に引っかかってしまい左手首を痛めてしまいました。このときは、ちょっとひどい捻挫くらいだと思い病院に行くと、「骨折ではありません」と診断されました。念のためセカンドオピニオンを受けるも結果は同じ。正直ずっと痛かったけど、我慢していました。

チームとしても、手首の様子を見ながら僕を起用したかったそうです。のちに話を聞くと、どうやらバッティングの調子がよかったこともあり「近々、一軍に上がれる可能性があった」というんです。そのため、試合で起用せざるを得なかった、と。

一か月後。それでもやっぱり手首の痛みが癒えなかったため、整形外科で有名な病院の医師を訪ね、精密検査をしてもらうと尺骨という小さな骨が骨折していました。ワイヤーで患部を固定する手術をしなければならないとのことで、「今シーズンはプレーできない」と告げられました。

人生初手術。明るい未来を信じて疑わないプロ一年目のルーキーにそんな現実が突きつけられてしまえば、「せっかく調子がよかったのに……」と、誰だってショックを受けます。

しかし、僕にはまったく悲観的な気持ちはありませんでした。むしろ、ホッとしたくらいです。

「手術すれば治るんだったらいいや。来年やりかえすわ！」

翌二〇〇〇年。僕は初めて開幕一軍の切符を手に入れ、四月六日の西武ライオンズ戦でプロデビューを飾ることができました。ところが、左手首の調子がまた悪くなり、前年に引き続き手術をすることに。僕と同い年の左ピッチャーで、このとき、左ひじを故障していた高橋薫《かおる》とともに埼玉・浦和の二軍練習場でひたすらランニングの日々を過ごしました。手首を怪我してボールを扱えませんから、下半身しか鍛えられずとにかく走った。おかげで、チームの先輩などから「ロッテ浦和陸上部」などと茶化されたものです。

本音を言えば「またかよ」とも思いましたし、大好きな野球を満足にできないことはしんどかった。でも、僕の支えとなる思考は変わりませんでした。

「治ったら、思う存分野球ができるでしょ」

一軍に上がるためにバッティングの技術練習をやめた

プロ一年目から二軍とはいえバッティングでアピールできたり、二年目も開幕一軍入りできたりと、事実だけをたどれば順調にステップアップできている印象があるかもしれませんが、僕だってそれなりに「プロの壁」を痛感しています。

一番の衝撃は、プロのピッチャーが投げるボールのスピードです。一年目の教育リーグでヒットゼロ本の失態をさらすほど、最初のころは対応できませんでした。それは一軍、二軍を問わず。だから、スピードに慣れるまでには時間をついやしました。

分岐点となったのは、プロ四年目の二〇〇二年。

それまでの三年間は、ピッチャーのスピードについていくべく技術的な練習を取り入れていましたが、この年から全体練習でこそ決められた技術トレーニングを行う一方で、個人練習では一切やらなくなりました。

高校時代にウエートトレーニングに目覚め、ベンチプレスが八十キロ、百キロと重さが上がるのと比例して飛距離もアップしました。それでもプロでは通用しない。引き続きウエートトレーニングも行っていましたが、二の腕や太ももといったアウターマッスルだけでなく、体を内側から強くする体幹などのインナーマッスルも鍛えるようになりました。

当時のロッテには白坂《しらさか》契《ひさし》さんというコンディショニングコーチがいました。体の構造から運動メカニズムまで幅広い知識をお持ちで、二〇〇五年のロッテ日本一を陰で支えてくれたスタッフです。白坂さんからの提案やご指導もあり、僕としても「もう一度、フィジカルを見つめ直してマイナーチェンジさせよう」と変化を受け入れました。

それまで、なぜスピードについていけなかったのかというと、「このタイミングでバットを振りたい」と思って実際にスイングしても、体がその通りに動いていかなかった。筋力が足りない。あるいは神経の伝達が円滑に進んでいなかったから。要するに、体と頭のバランスがバラバラだったわけです。頭のなかでイメージしている本来の動きを具現化できないことで、全身の反動などを使ってバットを振ったりと改善しようとする、しかしそれは、結果的に無駄な動きをしているだけ。すべてが悪循環となります。

だから僕は技術トレーニングを一度、捨てました。アウターとインナー両方をしっかりと鍛え、体全体の筋力をアップさせる。そこから、ひたすらスピードボールを打ち込むなど反復練習を繰り返すことで、神経の伝達も体に染み込ませていきました。

さらに、それまでの一球目からすべて「ストレートを待って打つ」という考えから、「次のボールはスライダーを待つ。来なければ空振りでもいい」といったように球種を狙うようにすることで、より打席でのスイングの反応速度を高めていきました。その結果、二〇〇三年には自己最多の七十八試合出場。規定打席に未到達ながら打率三割一分九厘と、飛躍的にバッティングをレベルアップさせることができました。

「急がば回れ」という格言があります。

二〇〇二年の僕が、まさしくそうでした。物事の多くは一足飛びにできませんし、すべてを望んだところで手に入りません。ならば、「捨てる勇気」も必要。あの年、「うまくなるなら」と一時的に技術練習を捨てた僕の選択は間違ってはいませんでした。

「このままじゃいけない」と思った瞬間

キャッチャー特有のエラーにパスボールがあります。

ピッチャーが投げたボールをキャッチャーが捕り損ねるミスで、和訳すると「捕逸」。読んで字のごとく、キャッチャーがボールを逸《そ》らしてしまうわけです。

手前味噌《てまえみそ》ですが、僕は十六年間の現役生活でパスボールを十九回しかしていません。もちろん、ゼロであるに越したことはありませんが、どんなポジション、どんな名手でも必ずエラーはします。

この「十九」がどれだけすごいことかと言うと、僕が引退した二〇一四年にいくつかの媒体が調べてくれました。キャッチャーとして出場した試合でカウントすると、「名捕手」と呼ばれる野村克也《かつや》さん（元南海、ロッテ、西武）が二千九百二十一試合で二百七回、古田敦也さん（元ヤクルト）が千九百五十九試合で百四回に対し、里崎は千十八試合で十九回。通算千試合以上で出場したキャッチャーでは、僕が断トツで少ないことがわかっていただけるかと思います。

この記録を実現できるきっかけとなった、あるパスボールがあります。

小学四年から「キャッチャー一筋」ではありましたが、学生時代にしっかりと教わった記憶はありませんでした。「なんとなくできていた」わけです。

一年目の一九九九年四月十日、イースタン・リーグの横浜戦。

「六番・キャッチャー」でスタメン出場した僕でしたが、試合早々の一回に先発ピッチャー・吉田篤史《あつし》さんのボールを二度も捕り損ね（記録上はキャッチャーのパスボール一、ピッチャーのワイルドピッチ一）、相手に一点を献上。二回の一打席目で同い年の橋本将《たすく》が代打に送られ、僕は一度も打つことが許されず交代させられてしまいました。選手にとってこれは、屈辱以外の何物でもありません。

その後、ブルペンキャッチャーなど手伝いに回りましたが、ずっと「やっちゃったなぁ……このままじゃヤバいな」と感じていました。この試合で僕と交代した橋本をはじめ、ライバルはたくさんいる。一軍なら「二軍で鍛え直してこい！」となるかもしれませんが、二軍でこの有り様では後がないわけです。

とはいえ、そこまで落ち込んでいたわけでもありません。ちょっとした危機感がある反面、根拠のない自信だけはあったんです。

「バッティングは頑張れるから、ミスしないように守備を練習すればいけるんじゃないか？」

振り返れば、アマチュア時代はそこまで練習しなくても守備ができていた。でも、プロではミスを露呈してしまった自分がいる。「プロでダメなら練習するしかないな」と、当時は深く考えずに行動に移せたと思います。

試合後の練習かその翌日か、記憶は定かではありませんが、僕はキャッチャーをメインに指導する二軍バッテリーコーチの山中潔《きよし》さんに直談判《じかだんぱん》しました。

「このままじゃいけないと思うんです」

これもまた、僕が成長していく上での大きな分岐点となりました。

成長できるかは誰と出会い、いかに正しい努力をするか

キャッチャーで最も着目されるプレーにリードがあります。

ピッチャーにストレートや変化球のサインを送り、バッターを打ち取る。相手チームを無得点に抑えて勝利すればピッチャーとともに評価されます。キャッチャー出身の解説者などが「あの回のピンチで、あのバッターに対するリードが勝敗を大きく分けた」といった具合でポイントを挙げるところを、野球ファンであれば何度も見聞きしているかと思います。

たしかにリードは大事です。でも、キャッチャーが身につけなければいけないスキルの

なかでは最後で構いません。華がある技術だからといってほかの要素をおざなりにしてしまうと、結局はそれを披露できぬままクビになることだってあります。

僕にとって、キャッチャーが身につけなければならないスキルの順番は次の通りです。

キャッチング↓ブロッキング↓スローイング↓リード

キャッチングとは文字通りピッチャーのボールをしっかりと捕球する技術。

ブロッキングは、一年目の僕が犯したミスをなくす技術です。ワンバウンドするような鋭い変化のボールを体で止めなければ、ピッチャーから信用は得られません。

スローイングは相手ランナーの盗塁や進塁を防ぐ技術です。純粋に肩の強さも大事ですが、ピッチャーからのボールを受けてから送球するまでのスピードも求められてくるので、キャッチングがしっかりできていないと必然的にスローイングも遅くなります。

この流れから見ると、一年目の横浜戦での失態から山中潔コーチに〝弟子入り〟を志願した僕は、キャッチングの基礎から叩き込まれていったのか?

違います。キャッチングの前、イロハの「イ」以前のところからスタートしました。

それは「構え」です。

山中さんは、とても教え上手な指導者でした。上から目線で「これをやれ」ではなく「キャッチングから始めてもいいけど、構えを一から作り上げたほうが次のステップにも移行しやすいけど、どうする?」といったように、選択肢を提示してくれる。つまり、努力の方向性を与えてもらうことによって、自分でもビジョンを浮かべやすくなったんです。

僕は構えから教わることにしました。

構えのなかで山中さんがとくに大事にしていたのは、ボールを投げる右手の位置でした。当時のキャッチャーの多くは、バッターのファウルなどが当たらないよう背中に隠すように太ももの外側でぶら~んと垂らすようにしていましたが、実はこの位置が最もボールが当たりやすい。じゃあ、どこが安全かと言うと、意外にも右太ももの内側です。当時は「そこに手を置くと危ないぞ」と注意する人が多かったですが、山中さんは「そこがいい」と言うわけです。

アメリカのメジャーリーグでは一九九〇年代から、キャッチャーはその位置に右手を添えておくことが主流となっており、キャッチャーミットのそばに右手があることでスローイングの素早さにもつながっていく。理に適《かな》っているわけです。このころはまだ、僕とオリックス・ブルーウェーブ（現・オリックス・バファローズ）の日高剛《たけし》くらいしか実践しておらず、数年後に巨人の阿部慎之助も取り入れたくらいでした。山中さんはそういったことも学ばれた上で、僕に指導してくれたんだと思います。

大学まで我流で腕を磨いてきた僕にとって、まさしく目からウロコでした。

正しい構えを学ぶことによって、その後のキャッチング、ブロッキング、スローイングの練習も意欲的になれました。うまくなれるかどうかは人それぞれですから、技術うんぬんの前にひたすら反復練習の日々です。その過程で自分なりに「どうすればうまく捕球できるか、投げられるか？」と考え、自分の体に合ったコツを見出し、染み込ませていく。それができなければ、山中さんに助言をもらう。その繰り返しでした。

野球だけではなく、どんなスポーツにも「完璧」なんてありません。練習して結果を出して自信をつける。そうやって少しずつ成長していく。このときの僕がそうでした。キャッチャーとしての課題がクリアされていくことで楽しくなり、結果もついてくることでますますやる気が出る。

練習は本当にしんどかった。北海道日本ハムファイターズの二軍バッテリーコーチを務める現在の山中さんの言葉が、すべてを物語っています。

「あのときのサトと橋本ほど練習できたヤツ、いまだかつてひとりもいないよ」

当時の僕のモチベーションは大きくふたつでした。

ひとつは単純。「これができなかったらクビになる」という危機感です。

そして、もうひとつこそ大事でした。「努力の方向性が間違っていない」と思えることです。

どれだけ長い時間や期間、同じ練習をしても結果が伴わなければ、残念ながらそれは努力とは言えません。

でも僕は、山中さんと出会えたことによって、正しい努力、目指すべき道を示してもらいました。ほかの指導者だったらおそらく、いまの自分はいないでしょう。山中さんには感謝の気持ちしかありません。

質の高い量をこなせない「ダイヤの原石」なんて、ただの石ころ

オリンピックで金メダルを獲得したアスリートには、勝てた要因についてこう述べている人が多いような気がします。

「世界一になるために、世界一の練習をしてきました」

僕はこの言葉に激しく同意します。過酷な練習に耐えられるだけの体力や肉体を手に入れられるということは、すなわち多くの技術を習得できることでもあります。

先ほど書いた通り、僕自身も高校からウエートトレーニングを精力的にこなすことで打球の飛距離がアップし、プロへの扉を開くことができました。ロッテでも体力強化を最優先事項としたことで、結果的にバッティング技術も向上できました。守備に至っても、基本以前の構えから作り上げ、キャッチングなどの反復練習を繰り返すことでひとつずつ正しいスキルを習得していきました。

「努力の方向性が間違っていなかった」と前述しましたが、それをさらに言い換えれば「質の高い練習量をこなしてきた」と自負しています。

世間では考えなしに「量より質」と言う人がいます。実に耳障りです。

僕の経験上、この類いの理論を振りかざしている選手で、成功した人を見たことがありません。そういうことを平然と言う人は、楽をしたいだけか、結果を出せない自分に対する言い訳をしているだけなんだと思います。

飄々《ひょうひょう》とした言動から「練習嫌い」「才能があった」などと言われがちな落合博満さんにしても、「誰よりもバットを振った」からこそ、プロ野球史上最多の三度の三冠王（首位打者、ホームラン王、打点王）に輝けたはず。

現役選手でも、二〇二〇年に日本人メジャーリーガー初の最多勝となったサンディエゴ・パドレスのダルビッシュ有《ゆう》選手、バッターとピッチャーの〝二刀流〟選手として野球の本場であるアメリカ人を虜《とりこ》にする大谷翔平《しょうへい》選手ですら、「量より質」と言っているのを聞いたことがありません。彼らも自分を律し、成長のために質の高い練習を数多くこなしているから、いまがある。

素質があり、将来性がある選手を「ダイヤの原石」なんて表現したりしますが、年々、そういった選手が本物のダイヤになるケースが少なくなっているような気がします。

素質があり、技術も高いけど、体力がない。これが彼らの特徴です。

なかば理不尽なくらい練習量が豊富だった一時代前までも、その過酷さからダイヤの原石を壊してしまったケースは多かった。でもその代わり、「ただの石ころ」だと思っていた選手がダイヤになることも珍しくはありませんでした。

しかしいまの時代は、腫れ物に触るようにダイヤの原石を取り扱ってしまうあまり、本当に輝かせることができなくなっている。もともと体力がないわけですから、いざ本格的に磨こうと思って力を注ぐと故障をしてしまうなど、完成形に至らず終わってしまう。いくらダイヤの原石でも、ちゃんと磨かなければ価値が生まれない現実をもっと直視したほうがいい。

ただし、指導者の気持ちもわからなくはありません。

逸材が故障すれば「あいつのせいで壊れた」と批判されかねない。でも、成功も失敗も受け入れた上で指導者となった以上は、ちゃんと体力をつけさせるところから徹底的に鍛えさせ、僕が山中さんに導かれたように正しい道を示さなくてはいけないと思うんです。

残念なことに、現役時代は質の高い練習をたくさんこなし、誰もが認める実績を挙げたプロ野球ＯＢですら、物事を単純化して「量より質です」なんて言ってしまう時代になってしまいました。いまだからこそ、自分の成功体験を信じて「一流選手になりたければ、正しい練習を数多くこなせ！」と声を大にして苦言を呈してもらいたいものです。

試合に出られなくても「別にいいや」と思えた原則

あなたにとって、組織で楽しく仕事するための「原則」はありますか？

僕にはありました。大きく三つです。

「言うことを聞く」
「自分がトップに立つ（または自分の意見が通るくらい結果を残す）」
「辞めてもいいと考える」

このうちひとつでも受け入れられれば、気分が楽になるという考えかたです。

これは僕がプロ六年目のとき、監督に就任したボビー・バレンタインの影響も少なからず関係しています。彼は一九九五年に一シーズンだけロッテの監督を務めましたが、それまでのキャリアはメジャーリーグで、テキサス・レンジャーズとニューヨーク・メッツで計十五年も監督をされた、日本の野球ファンにも名の知れた指導者でした。

ボビーの大きな特徴を挙げれば、ポジションごとに分業制を明確化していたことです。ピッチャーならば先発、中継ぎ、抑えと役割分担をはっきりさせるのは当然ですが、ほかでも負担がかかるポジションをひとりに固定せず、キャッチャーもそのひとつでした。二〇〇三年から一軍に定着していた僕は、ボビーが再びロッテの監督となった二〇〇四年から同学年の橋本将と併用されるようになりました。

プロ野球の世界では、よく「三年から五年、ポジションを守らないと本当のレギュラーとは言えない」と話す人がいます。もちろん、そういう考えがあるのは当然だし、否定はしません。しかし、ボビー政権下のロッテにおいては僕と橋本がレギュラーであり、「ふたりでキャッチャーを回す」と言われた以上は従わざるを得ません。仮に「お前は半分しか試合に出ていないから」と年俸を極端に下げられるようなことがあれば「それは違うでしょ」と反論していたでしょうけど、そうでもない限りは文句を言える筋合いではないわけです。

むしろ、ボビーの起用法は僕にとってメリットでした。

なにせ、休みが多い。プロ野球は基本的に毎週月曜日を「移動日」と称した休養日としていますから、試合がある六日のなかで一日でも橋本がスタメンで出場すれば、実質「週休二日」となるわけです。そういった日は試合に出ないことが確定しているため、前日にそれがわかれば気分転換で夜にお酒を飲んだり、少しは遊んだりすることができました。

実力でレギュラーを獲得するなど、ある程度の地位を確立できたのであれば「全試合出場したい」と欲が出るのは当然です。自分が出ていない間にライバルが大活躍することで、「ポジションを奪われるかもしれない」と不安になることだってあるでしょう。

でも、監督が「併用する」と方針を打ち出すなら従うしかない。「出た試合で結果を残すために練習しよう」と考えたほうが、よっぽど健全に生きられると思っていました。

引退をしたのは「野球がちゃんとできない自分に飽きた」から

僕はロッテ時代に手術を四回しています。

最初の二回は前述しているように、プロ一年目の一九九九年と二〇〇〇年の左手首。二〇〇四年には左半月板、そして二〇一四年の左ひざです。

プロ野球選手のみならず、アスリートにとって怪我は付き物。僕自身、右ひじの故障や肋骨の骨折、背中や太ももの肉離れなど細かい怪我を挙げたらきりがありません。そのなかでも手術は、どうしてもリハビリ期間を経なければいけないため復帰には時間がかかります。最短でも二、三か月。長ければ半年や一年なんて選手もいます。

それだけの長期間、自分が試合に出ないということは当然、ほかの選手にチャンスが巡ってくるわけであり、不安になる選手も多いでしょう。でも、これも繰り返しになりますが、僕はそんな気持ちになることがほとんどありませんでした。

不安になるということは、それまでの選手だということ。数週間から数か月の離脱を余儀なくされた際、僕はこう自分に言い聞かせていました。

「いつか俺と同じ箇所を怪我した人のために、プラスになるように過ごそう」

自分がお世話になった病院や執刀してくれた先生、具体的な手術の内容、術後の治療法やリハビリなど経験則をストックしておくことで、同じような怪我をした、あるいは似たような症状で苦しんでいる選手に伝えることができるし、優しく接することができる。そう客観的に考えられたからこそ、気持ちを切り替えることができました。

だから、怪我による長期離脱を「休養」と受け入れられたんです。

午前中は球場で患部以外のトレーニングをしたり、データ整理など最低限のできることをしたりしていましたが、そんなのは仕事である以上は当たり前。試合に出られず、練習も最低限のことしかできないため、どうしても午前中で終わってしまう。あれはいつだったか……覚えていないんですが、帰宅する時間にちょうどCS放送で世界名作劇場のアニメ「家族ロビンソン漂流記 ふしぎな島のフローネ」の再放送をやっていたので、「小学生以来や。懐かしいなぁ」と楽しみにしていました。

そんな僕ですが、強いて挙げれば「せっかくのチャンスだったのに……」と少しだけ落胆したのは、二〇〇四年の半月板手術のときです。この年はボビー・バレンタイン監督の復帰一年目で、前年に一軍定着していた僕からすればレギュラー獲りに意欲を燃やしている時期でした。やる気が漲っていただけに「なんとか早く復帰してやる!」とリハビリなどに力を入れた記憶があります。

同じ手術でも離脱せずプレーした体験もあります。

二度目の日本一となった二〇一〇年、左肩のガングリオンがそうです。これは簡単に説明すると腫瘤《しゅりゅう》というできもので、神経が圧迫されるため痛みというより力が入らなかった。クライマックスシリーズ（CS）あたりから「ちょっと左肩の調子がおかしいな」と思いはじめ、日本シリーズ直前の調整となった宮崎のフェニックスリーグ（教育リーグ）で「おかしい」と確信。病院で診察してもらうとガングリオンが判明し、すぐに除去手術を行いました。

この年、ロッテはパ・リーグのレギュラーシーズン三位ながら、プレーオフのCSと日本シリーズを勝ち抜き日本一となり、「史上最大の下克上」と話題となりました。そのなかのエピソードのひとつとして、あるメディアが「里崎選手は左肩の故障を隠しながらプレーしていた」と賞賛してくれましたが、僕からすれば当たり前のこと。まず、プレーできるのにいちいち怪我を公表しても意味がない。さらに、それを口にすることで相手に弱点と思われたくありませんでした。だから、このガングリオンを「手術」にカウントしていないわけです。

最後の手術となった二〇一四年のひざに関しては、もう完全に割り切っていました。

五月にメスを入れ、「治らなかったら治らなかったで、やめればいいし」くらいにしか考えていませんでした。このころにはすでに、つつましく生活していけば死ぬまで仕事をしなくてもいいくらいの貯えはできていましたし、「第二の人生をスタートさせるなら、なるべく早いほうがいい」とも思っていた。術後の経過が芳しくなく、想像していたよりリハビリ期間が長引きそうだったため九月に引退を宣言させてもらいましたが、実際は夏ごろには決断していました。

引退に際して悩むことは一切ありませんでした。

第二の人生のことを考えての決断だったこともありますが、一番は「ちゃんと野球ができない自分に飽きた」から。自分自身に期待できなくなってしまっていたんですね。好きで続けてきた野球がつまらなくなったら意味がないし、「だったら、ほかに面白いことを見つけよう」と。

こんな引き際（メンタルコントロール）があっても、いいと思います。

第四章　辛口のすすめ

――僕の「コメント」は、ただの本音と建て前です

地球上で一番嫌いな言葉は「センス」

すでに見出しにも書いてありますが復唱させてください。僕が地球上で一番嫌いな言葉は「センス」です。センスってなんやねん。辞書で調べてみました。

センス【sense】
1. 物事の微妙な感じをさとる働き・能力。感覚。
2. 思慮。分別。

（出典：『広辞苑』第七版）

僕が嫌いなセンスは「1」のケースです。悟るとか感覚とか、結局は曖昧な表現でしか説明できないことがわかります。

周りが安易に使う「センスがある」選手とは誰か？

おそらくは前の章でも名前を挙げたイチローさんやダルビッシュ有選手、大谷翔平選手あたりになるんでしょう。

彼らは野球選手として成功を収めました。その理由を尋ねられた本人たちは、「僕にはセンスがありましたから」と言ったことがありますか？　絶対に言いません。「高校やプロでの若手時代に努力したことが実を結んでいる」「あのとき、あの人に出会っていなければいまの僕はいません」「怪我や挫折が自分を大きくしてくれた」など、ターニングポイントでいかにしてチャンスなどを手にしてきたか。プロセスを大事にしているはずなんです。

イチローさん、ダルビッシュ選手、大谷選手を「あの人たちはセンスの塊だから」と言う人は、同業者でなくとも、もれなく実績を残していない人たちのはずです。勝手に「住む世界が違う」「雲の上の存在」と神格化する。要するに言い訳、負け惜しみを言っているだけ。もっと厳しく言いましょうか。「努力をしていない」と、情けない自分を露呈しているようなものです。

そもそも、天才やセンスがある人たちが、まったく練習もしないで成功していると思いますか？　野球やスポーツだけではありません。「天才物理学者」と呼ばれるような人たちでさえ、年がら年中、数字や数式とにらめっこしているではありませんか。

僕がそうであるように、「好きだから」という純粋な気持ちがあるかもしれません。でも、プロとして「成績を出せない自分が不甲斐ない」「もっとうまくなりたい」という強い気持ちがあるからこそ努力する。簡単に結果が出るとわかっているのなら、誰も死にそうな思いをしながら練習や節制なんてしません。

だから、「センス」と簡単に片づける前に、その人の歩みをしっかり調べましょう。言葉はもっと大事に扱わなければいけません。

ファンのコメントは宝の山、批判は「最大の広告」

意外かもしれませんが、自分のYouTubeチャンネルの視聴者コメントを、基本的に全部読ませてもらっています。

「この人、的外れなこと言ってるなぁ」

「おっ、なかなかうまいこと言うなぁ」

多くはただのコメントなんでさらっと流し読みしていますが、世の中の反応に触れられるのは楽しいものです。

僕はプロ野球評論家という職業柄、十二球団をくまなくチェックしていますし、自分が所属していたロッテの情報は人より知っているかもしれません。だからといって、すべてに精通しているわけではありません。

視聴者のなかには読売ジャイアンツ、広島東洋カープ、横浜ＤｅＮＡベイスターズと、贔屓《ひいき》のチームを徹底的に応援する熱狂的ファンがいます。彼らの知識は僕なんかよりも絶対にあります。僕があるチームの選手を動画で紹介した際に、コメントで「この選手もいいですよ。チェックしてみてください」と投稿してもらえると、すごく勉強になる。視聴者から教えてもらえた情報を肉付けすることによって、YouTube 以外の仕事にも役立つため、彼らのコメントはいわば「宝の山」なわけです。

とはいえ、コメントすべてがこのような肯定的なものではありません。否定的な意見を寄せられることだって、当然のようにあります。

これはＳＮＳ時代の宿命でもあるでしょう。人間ですから批判を目にしてしまえば落ち込みますし、悲観的になるものです。ただ、ＳＮＳを続ける以上はそういった負の側面とも向き合っていかなければなりません。

「里崎もヘコむことあるんだ」

いいえ。これはあくまで一般論であり、僕はどれだけ批判されようと一ミリたりともヘコむことなんかありません。むしろ、「よう言った！」と拍手してしまうくらいです。

批判とは「賞賛の裏返し」だと思っています。僕が嫌いなら動画を観なければいいだけの話で、観てくれているということはどんな動機であれ注目していることに変わりはない。

そこで「里崎がこんなこと言ってた。アホらしい」みたいに、どこかのSNSやサイトで僕の動画のURLを貼り付けてくれれば、ほかの誰かが動画を観てくれる。最高です。超優良の常連さんであり、「Satozaki Channel」最大の広告塔です。

そんな彼らへ日ごろのご愛顧に感謝し、こんな企画をやればいいいな、とも考えてしまいます。

題して、〈里崎 vs.アンチ里崎討論会！〉。

これまで僕が動画でアップしてきたテーマなどに対し、「なにがダメで批判したのか？」を議論する。侃々諤々《かんかんがくがく》。丁々発止。熱いトークバトル間違いなしです。この企画は無礼講なんで、YouTube の規約に違反しない範囲であるならば僕になにを言っても構いません。

ただし、ひとつだけルールがあります。

実名、顔出しでの出演。簡単な決まり事ですから、お便りお待ちしています。

まあ、絶対に実現しないでしょうが。

いままでライブ配信や「コメント返し」をしなかった本心

チャンネル登録者数約四十八万人。「プロ野球OB屈指のユーチューバー」の称号を手にしてもなお、渇望は尽きません。

もっと、もっと「Satozaki Channel」の「布教活動」をしていかなければと、日々、面白い企画を構想しています（と言っても、先ほど書いた通り思いつきがほとんどですが）。

これは僕に限らないことですが、野球など専門分野に特化しているチャンネルというのは、運営者かその競技（ジャンル）のファン以外は動画をなかなか観てくれない。野球畑ではない方とのコラボ企画もたびたび実行して反響もいただいたりしていますが、まだまだ歯ごたえが足りない。

ならば、新しい企画を取り入れるか？　たとえばライブ配信。

現在、視聴者の質問に回答する形式のライブ配信が人気とのことで、この手の類いの動画は一定の需要があることは理解しています。ただ、野球界でもこの手法を導入している動画があって僕も観させてもらいましたが、あまり反響が大きいとは感じませんでした。

そう、いままでは。

僕が考えを改めるきっかけとなったのは東京オリンピックでした。ありがたいことに野球以外の競技の仕事をいただいていたため、この期間はかなり忙しくさせてもらっていたんですが、やはり「個人的にも野球日本代表を応援したい」。そんな想いから、「Satozaki Channel」で準決勝の韓国戦と決勝のアメリカ戦をライブ配信しました。

当チャンネルで初めての試み。放映権の関係などもあり、試合の映像は流せませんし、ただ二、三時間、里崎が喋り通しているだけで需要があるのか？　そんな懸念がなかったわけではありませんでしたが、終わってみれば杞憂でした。試合があった時間帯のライブ配信ランキングでは、全ジャンル中でかなりの上位だったという反響。「スーパーチャット」と呼ばれる、視聴者からの〝投げ銭〟もなかなかの好調だったようです。

もしかしたら、野球日本代表「侍ジャパン」の力、東京で開催されたオリンピックという特別なイベントであることなどがブーストとなってこの結果を生んだのかもしれませんが、僕としては意外な好結果に手応えをいただきました。

食わず嫌いはいかんな。自分のなかで少しでも可能性を感じたのであれば、まずはやってみるもんだな――と。

嘘《うそ》をつきたくないから、話せないことは話さない

視聴者のみなさんや仕事先の人、知人などからネタのリクエストを受けることも少なくありません。「それだけ『Satozaki Channel』も影響力が強くなってきたんだ」と嬉しくはありますが、当然のように応えられないテーマもあります。

当チャンネルのヘビーユーザーの人ならお気づきかもしれませんが、プロ野球界を賑《にぎ》わせているネガティブな話題があってもまったく触れていないことがあります。

それはなぜか？　「話せないことがあるから」です。

選手の移籍問題を例に挙げてみましょう。最初に釘《くぎ》を刺しておきますが、ここでは特定の選手を指していません。あくまで「例」なので悪しからず。

前年までバリバリの主力で活躍していた選手が、翌年、急に起用されなくなった。ファンとしては釈然とせず「なんであの人を起用しないんだ」となります。気持ちはわかりますが、決断を下すのは組織のトップです。監督が「必要ない」と判断した以上はコーチや選手は従わなければならない。ここでも「三原則」（第三章を参照）が問われるわけです。もし、その選手を外したことによってチームの負けが込むことがあるのなら、監督も起用を考えるはず。でも、勝っている限りは方針を変えなくていい。それだけの話なんです。だから、いくら世間が「確執か？」などと囁いても、チームに結果が出ているなら取り上げるまでもありません。

監督人事などにも同じことが言えます。いくら球団上層部と本人の「不仲」が囁かれていたと言っても、結果が伴わなかった、あるいは優勝するためには改革が必要だと僕が判断すれば、真相を知っていたとしても動画にすることなく、「そうだよね」と受け流します。わざわざ火に油を注ぐようなことをしなくても、当チャンネルではネタのストックが豊富ですから。

もし、センシティブなネタをどうしても「話してほしい」と他者から求められたら、こう言えばいい。

「本当のことを知ってはいるけど、それは公共の電波には乗せられませんねぇ」

これは実際に各媒体で言っていることです。そうすれば、相手も「やっぱり、なんかあるんだな」と納得してくれるし、ほかの手段で情報を仕入れようとします。

言いたいことがある。でも、話せること、話せないことの線引きはすべき。なにより、うわべだけの話だと、僕自身が一番つまらないんで。

とはいえ、「Satozaki Channel」やマスメディア以外では、そうしたセンシティブな話題も扱います。たとえば全国各地で開催しているトークライブ「里崎ライブ from Satozaki Channel」がそうです。もしそうしたギリギリの話題を聞きたい人がいたら、ぜひ「里崎ライブ」に遊びに来てください。

批判は世論の熱量を高める手助けです

ここまで本書を読んでくださったみなさん、「Satozaki Channel」の視聴者ならすでにおわかりかと思います。「里崎って、割と批判するよな」と。

二〇二一年の野球界で言えば、春夏の甲子園で初めて実施された「球数制限問題」が話題となりました。

ピッチャーの肩やひじの故障予防などの狙いから導入されたルールで、ひとりあたり「一週間五百球」の球数を超えた時点でピッチャーは強制的に降板させられます（上限に達しても、対戦打者までの投球は認められる）。二〇二二年まで試行期間として実施されるとのことですが、そもそもこの制度も落とし穴が多い。

すでに各メディアでも報道されていますし、僕もYouTubeで言わせてもらいましたが、大会初日など一回戦が早ければ早いほど有利になります。ほかの意見としては、「じゃあ、二日連続で二百球、計四百球投げてもいいことになる。それこそ、肩、ひじへの影響が大きいのではないか？」など異論が目立ちました。

僕は「球数制限なんてナンセンス」論者です。

ピッチャーに限らず、故障する人は故障します。選手の体と気持ちを最も理解しているのは、日本高等学校野球連盟（高野連）ではなく各高校の指導者なので、彼らに判断を委ねていい。もし、高野連が現場に深く介入し、故障防止を徹底したいのなら、理学療法士やスポーツトレーナーを常時派遣するなど学校単位でサポートする。甲子園のときだけ「自分たちはやってます」とアピールしたところで、誰も褒めてはくれません。

さらに僕が納得いかないのは、何十年も前の話をいまだに持ち出すことです。これに関しては高野連ではなく、メディアに問題があります。

よく紹介されるのは、一九九一年の沖縄水産の準優勝ピッチャー、大野倫《りん》さんの事例です。夏の沖縄県大会から右ひじを故障していながら、甲子園でも決勝戦まで七百七十三球を投げたことでピッチャー人生が断たれてしまった――と。当時は選手層が厚い強豪校でもひとりのエースが全試合完投することは当たり前でしたし、選手のケアやメディカル・チェックの体制も現在ほど整っていない。つまり、時代背景が違うわけですから現代の選手と比べても意味がない。せめて、二〇一八年夏に秋田県大会の初戦から甲子園の決勝戦途中までひとりで投げ抜き、千五百球も投げ切った金足農業高校の吉田輝星《こうせい》選手（現・北海道日本ハムファイターズ）を題材にしたほうがまだ説得力がある。要するに、吉田選手はプロでもピッチャーを続けている一方で、大野さんは「投げすぎが原因で投手生命を奪われた」ことを強調したいだけ。そんな思惑が見え隠れすること自体がナンセンスなんです。

こんな具合で日々、僕は好き勝手言わせていただいているわけですが、そもそも批判や文句とは「わざわざ言わなくていいもの」とされています。少し否定的なコメントをSNSなどに投稿しただけで炎上したりするような世の中になってしまいましたから、なおさらデメリットしかない。

ではなぜ、僕は否定的なコメントも発信するのか？

理由はただひとつ、反響が大きいから。高校野球の球数制限の動画も、おかげさまで五十万回再生と好調だったように、人が言わないこと、取り上げないことを発信すると売れる。だから僕は少しでも疑問に感じれば「Satozaki Channel」にアップします。

みなさん、これからも世論に迎合してください。長いものに巻かれてください。その分、僕は「旗印」として、さまざまな事柄を発信し続けられる。

「炎上は怖くないのか」って？

怖くありません。というより、僕は「炎上系ユーチューバー」だなんて思っていません。世の中の本心は反対側の意見をつねに求めていますから、そういったマジョリティの熱量を高める手助けをしているだけ。やっぱり異論、反論がなければ僕も発信する甲斐がありませんから、これからもどんどん持論を展開していきますよ。

本当に高校野球だけが「悪」なのか？

高校野球が世間から注目を集めるのは、二〇二一年から実施された「ひとり一週間五百球」の球数制限だけが原因ではありません。

毎年のように議論の対象となっている問題として、「夏の甲子園」と呼ばれる全国大会の日程が挙げられます。二〇二一年は初めて大会期間中に三日間の休養日が設けられましたが（雨天による七度の順延のため、結果的に休養日は一日だけでした）、僕が高校生だった一九九〇年代などは休みがなく、ぶっ通しで行われていました。

「三十五度を超える猛暑のなか、連日のように試合させるなんてどうかしている」

毎年、夏の甲子園の季節になると、そんな声が否応《いやおう》なく聞こえてきます。

たしかに、どうかしているのかもしれません。ならば、高野連はもっと抜本改革に乗り出すべきです。

僕が提案したいのは日程です。一日最大四試合とするならば、第一試合を従来の八時から七時開始に繰り上げれば、午前中に二試合はできます。あとの二試合は一日で最も暑い時間帯を避け、第三試合を午後四時開始にする。そうなると、第四試合が終わるのは午後九時を回るでしょうが、少なくとも炎天下での試合は回避できます。

しかし、二〇二二年の夏の甲子園に関してだけで言えば、「炎天下」とは無縁でした。大会序盤から悪天候が続き、合計七度の順延は最多だったそうです。

ここで新たな問題が生じました。

降雨によるコールド、ノーゲームの是非です。二〇二一年は大阪桐蔭《とういん》と東海大菅生《すごう》の試合が豪雨のなか行われ、試合が成立する七回まで続けられました（試合は八回途中で中断し、リードしていた大阪桐蔭の勝利）。近江と日大東北の試合は、五回裏の途中で大雨によって中断となり、そのままノーゲームとなりました。過去にもこういった試合はあったものの、二〇二一年の異例とも言える悪天候続きも相まって、「選手が怪我をしたらどうする」「試合を途中でやめるなんて選手がかわいそう」といった否定的な意見が多く寄せられました。

こういった事情から、続行不可能となった試合を翌日に途中から行う「継続試合」の導入も囁かれました。僕から言わせれば、それでいいと思います。ただし、コールドゲームもノーゲームの決定も「審判ではなく高野連がした上で」が条件となります。

高校野球の審判は各地から派遣されただけであって、プロではありません。審判である以上、試合中のジャッジの決定権すべてを委ねるのは当然ですが、降雨による試合続行の可否など大会運営にかかわる事項も決めさせるのは負担が重すぎる。夏の甲子園が高野連と朝日新聞社の主催である以上は、自らの声で場内にアナウンスし、ノーゲームならノーゲームだと周囲に認識させるべき。その手続きを経て、審判がホームベース上で宣告するのが筋ではないでしょうか。

話は少し逸れますが、二〇二一年の夏は宮城県代表の東北学院と宮崎県代表の宮崎商業が、チームに新型コロナウイルスの陽性者が出たとして出場を辞退してしまいました。宮崎商業に至っては、甲子園で一試合もできませんでした。これにしても、苦渋の決断を強いられたのは学校側です。これこそ、主催者が地方大会の開始時点でプレーブックのようなガイドラインを作成し、各都道府県の高野連と連携して臨むべきでした。責任の所在を曖昧にしたことで、本当なら批判されなくていい人たちが批判されてしまったわけです。

改革が必要なのは他の競技も同じ

夏の甲子園は「夏の風物詩」と呼ばれるほど世間から注目されるだけに、熱戦という光と同じくらい、浮き彫りとなる影にも着目されがちです。

しかし、こうも思うんです。

是正や改革が必要なのは、高校野球だけじゃないだろ、と。

夏の甲子園と同じ時期に開催されるインターハイ（高校総体）は、誰ひとり熱中症で救急搬送されていないでしょうか。危険だと知りながら、雨のなか試合をさせていないでしょうか。大会運営にかかわる重要な決定権をアマチュアの審判に委ねていないでしょうか。

僕はゼロだとは思えませんね。

選手の故障に関しても、高校野球（とくにピッチャー）だけが「毎日のように試合をすることが、選手の怪我の温床となっている」といったような声も耳にします。

サッカーはどうですか？　フィジカルコンタクトが激しいスポーツなので連戦はありませんが、二、三日に一試合の過密日程で故障しないとは考えられません。一選手の交代が自由に行えるバスケットボールにしたって連戦が当たり前です。三十、四十分ダッシュを繰り返して、太ももやふくらはぎにまったく異常がないまま大会を終えられるとは考えづらい。ましてや彼らは成長過程にある高校生ですから、プロと違って体が丈夫ではありません。

野球という競技を批判するのなら、僕は箱根駅伝のシステムも疑問に思います。脱水症状でヘロヘロになりながら（夏よりはるかに気温が低い冬なのに）区間を完走する。選手によっては途中棄権することだってあります。それなのに、なんで十人での駅伝にこだわるの？　十五人や二十人にして、ひとりあたりの距離を短くすれば故障も減るし、レースを棄権しないで済むんじゃないの？　とまあ、少々愚痴っぽくなってしまい恐縮ですが、要は「高校野球を批判するなら、ほかの競技の暗部もさらけ出した上で言ってくれ」と、コメンテーターや論者のみなさんに言いたいわけです。

スポーツをやる以上は、ノーリスクなんてあり得ない。

選手たちはそれを覚悟の上でプレーしています。なぜなら好きだから。その競技でトップの選手になりたいからです。

「選手ファースト」と本気で思っているのなら、まずこのような不平等な批判をやめませんか?

オープナー、フレーミング、GM体制……「新しそうなもの」の正体

二〇二一年のプロ野球で最初の大きな話題と言えば、田中将大選手が八年ぶりに東北楽天ゴールデンイーグルスに復帰したことでした。

二〇一三年、二十四連勝という異次元の活躍で楽天を初の日本一に導いた翌年に、メジャーリーグのニューヨーク・ヤンキースに移籍。七年間で七十八勝とエース級の活躍を見せてくれました。

「大物選手」の古巣復帰に日本球界は大いに沸きました。春季キャンプの第二クールから田中選手がチームに合流するとマスコミ各社は色めき立ち、彼の一挙手一投足を注視しました。対象は本人だけにとどまらず、後輩ピッチャーやキャッチャーにまで向けられました。

そのなかで取り上げられた事柄に「フレーミング」があります。これは、本来のストラ

イクのコースを、キャッチングによってしっかりストライクに見せるキャッチャーのスキルです。

　田中選手がキャッチャーたちに「ボールをストライクにしてくれると、ピッチャーはありがたい」と要望したことがクローズアップされ、「田中がフレーミングを楽天に浸透させた」といった論調でメディアは報じましたが、僕が聞いた話によると、少し事情が違います。

　楽天の番記者たちが田中選手のボールを受けたキャッチャー陣にフレーミングについて聞くと、彼らは一様に「前から光山（英和＝一軍バッテリー兼守備戦略コーチ）さんと練習してきていることなんで」と答えていたそうです。

　つまり、田中選手が来る前からキャッチャー陣はフレーミングを向上させる練習をしてきた。キャッチャー出身の僕から言わせれば、そんなこと当たり前すぎるんですが、野球ファンはメディアの話題作りにまんまとハメられたということです。

　これはフレーミングに限ったことではありません。

　二〇一九年に北海道日本ハムファイターズなどが積極的に採用した「オープナー」と呼

ばれたピッチャー起用がそうです。

先発ピッチャーである金子弌大《ちひろ》選手や加藤貴之選手などが、本来ベンチから求められている長いイニングではなく、三回や四回と早い段階で降板し、他のピッチャーで細かく継投していきましたが、これは「オープナー」ではありません。

この戦術を最初に採用したメジャーリーグのケースで言えば、本当ならば僅差でリードしている九回を任せるクローザーかリリーフエースを一回に登板させ、二回からは従来の先発投手が投げる。これが本場のオープナーです。

これにはちゃんとした根拠があります。

メジャーリーグでホームラン王争いをしていたロサンゼルス・エンゼルスの大谷翔平選手が二番も打っていたように、優れた長距離打者が上位を打つチームが近年増えています。そこで、「初回に力のあるピッチャーを投入し、無失点に抑えて流れを摑みたい」といった思惑から、チームの信頼が厚いクローザーをあえて先発にするわけです。日本ハムで言うなら、ストレートに力があるブライアン・ロドリゲス選手に一回を任せ、二回から本来の先発ピッチャーである上沢直之選手が投げる――これならばオープナーと称していいでしょう。

このように、日本の場合、結局は「メディアで紹介されたもん勝ち」なわけです。

ゼネラルマネージャー（GM）もそう。選手の獲得などチーム編成の全権を任されているとされるこの役職は、プロ野球十二球団にいます。ロッテの場合は「球団本部長」という肩書きで松本尚樹《なおき》さんがその職に就いています。

そうは言ったところで、全球団のGMの名前を知っていますか？　僕は答えられません。いまのところ日本で一番有名なGMは、楽天の石井一久《かずひさ》さんくらいでしょう。現役時代にヤクルトやメジャーなどで日米通算百八十二勝を挙げ知名度がある。二〇二一年からは監督も兼任していることもあり、注目度はますます高まりました。要するに「名前映え」する人が、大々的に報じられるわけです。

ただし、チームが勝てば別です。ロッテが日本一になれば「陰の功労者」のような体裁で松本さんがクローズアップされ、仕事ぶりが紹介されるでしょう。

結果を出せばなんでもいい。

フレーミングもオープナーも、曲解されて報道されようが意味合いが違っていようが、勝ちさえすればすべてが肯定される。僕はYouTubeなどでそういった風潮に警鐘を鳴らしているつもりですが、みなさんもメディアに惑わされず、自分の視点や考えを大切にしてください。

メディアが創る「スーパースター」の条件とは？

二〇二一年五月。巨人やメジャーリーグでプレーした上原浩治《こうじ》さんが、煮え切らない感情をぶつけるようにこんなツイートをしてインターネットニュースに取り上げられました。

レッドソックス澤村選手、吠えてたね〜。よく粘った!! おつかれさん。ニュース出るかなぁ。あっ、ダメだ。大谷選手、ダルビッシュ選手が出てるから……（原文ママ）

勝利に貢献したボストン・レッドソックスの澤村拓一選手を「もっと紹介してくれよ」と言わんばかりの提言に、ダルビッシュ有選手も〈日本のメディアは一体何をしているんだろう〉と、上原さんに賛同するようにコメントを残しています。

僕の意見もおふたりと同じです。でも残念。その提言、苦言はほぼ間違いなくメディアには届かないでしょう。

二〇二一年、連日のようにメディアで紹介されている選手の筆頭と言えばメジャーリーグでホームラン王争いを繰り広げ、日本人で初めてメジャーリーグのホームラン・ダービーにも選出された大谷翔平選手。日本ならば、阪神タイガースでルーキーながら前半戦に大活躍を見せた佐藤輝明《てるあき》選手くらいでしょう。そのほかだと、ダルビッシュ選手や田中将大選手は、登板した試合は必ず大きく報道されます。阪神の佐藤選手はこれからの結果次第となりますが、大谷選手、ダルビッシュ選手、田中選手は「スーパースター」の部類に属します。

彼らに共通するのは「メジャーリーグで実績を残す（残した）」こと。世界で活躍しているわけですから賞賛されて当然です。しかし、そのほかにも冒頭の澤村選手、ミネソタ・ツインズの前田健太選手、シアトル・マリナーズの菊池雄星《ゆうせい》選手と優れたパフォーマンスを見せる選手がいます。でも、彼らは「今日、登板しました」など、少しの映像と結果でしか紹介されない。

スーパースターはメディアが創っています。

視聴率を上げ、より世間の関心を高めようとするテレビは象徴的ですが、いまだにスポーツ新聞でも巨人の選手が一面を飾ることが多いです。菅野智之選手や坂本勇人選手は飛びぬけた実績を残しているからまだしも、他球団と同じくらいの成績、結果を出した選手がいれば、間違いなく巨人の選手のほうが優遇される現実があります。それは、読売新聞グループ本社を親会社に持つ巨人、ソフトバンクの連結子会社にヤフーがあるホークスはわかりやすいですが、球団の関連企業がメディアとのパイプが強いから。あるいは、地方球団は地元メディアが全面的にバックアップしてくれる。

結局のところ、日本はオールドメディアの影響力がいまだ強い。

野球以外でもそうです。いまや見ない日がないくらいブレークしたフワちゃんはYouTubeで注目された芸人ですが、多くの人はテレビで彼女の存在を知ったはず。僕がそうでした。「ナンバーワン」ユーチューバーのヒカキンさんだって、テレビに出演するようになったことで世間の認知度が急激にアップしました。政治家もそう。その議員が有能か無能かなんて二の次。有名になることが選挙に大きくかかわるため、政党の「広報担当」のようにテレビに出る。ＳＮＳや動画メディアが主流になってきたとはいえ、いまだにテレビや新聞の力は絶大だし、彼らからすれば「売れる」コンテンツを引き込みたいと思うのは当然のこと。

頑張っている選手を均等に取り上げてほしい——そんな願望は僕もあります。でも、メディアにだって尺や紙幅に限りがあるわけですから多くは望めません。

結局は視聴率や購買力が「上がる」とメディアに認めさせなければスターにはなれません。そんな選手がひとりでも多く登場してくれることを願います。

第五章　人間関係のすすめ

——無理に人に関心を持たないようにしましょう

人に興味がなければそのままでいい

僕は以前、こんな質問をされたことがあります。

「人見知りの人をどう思いますか？」

「それって、言い訳じゃないですか？」

質問を質問で返して、終わり。まず、自分のことをそう断定している時点で意味がわからない。そもそも、「人見知り」の定義が曖昧だと思っています。

初対面の人となかなか打ち解けられない。僕だって同じです。

相手は里崎智也を知ってくれていることがほとんどです。好き勝手なことを言ってしまっても、度を越さない限りは許してもらえるでしょう。でも、そんなことをしてもなんの得にもならないし、なにより僕自身が相手をよく知らないわけですから、ファーストコンタクトでズケズケ話しかけるのは失礼だと考えています。

もし、「自分は人見知りだ」とコミュニケーション能力に悩んでいたとしたら？

僕は学生時代からキャッチャーで、ポジション柄ピッチャーに合わせることが多かった。

その甲斐あって、自分が主張したいところはする、相手の意見を尊重するところはする、というような習性が自然と身につきました。だから、ここから記す内容は、助言と受け取らなくても、参考にしなくてもいいです。あくまで僕の意見です。

僕は人付き合いを「仕事」と「プライベート」で分けています。

仕事であれば、どんな人でも「好き」「嫌い」の感情は必要ありません。大事なのは、同僚だったら会社の業績だったり、クライアントや下請けであれば仕事の成功が最優先事項ですから、それを遂行するために私情は無関係です。仕事とは他者との共同作業ですから協調性は必要となってきますが、業務連絡とか必要最低限の会話だけで十分かと思います。どうしても「喋るのが苦手」であれば、会話はほどほどに、重要な事柄はメールでやり取りすればいいと思います。「嫌いだから」だけで仕事を選ぶのはもったいない。もしかしたら、その嫌いな人と組んだことで大きな成果を得られるかもしれない。仕事である以上、一パーセントの可能性でも削いではダメです。

僕自身もそうです。プロ野球中継では、実況のアナウンサーや解説者を選べません。嫌い、苦手だからといって生放送で話さないことなんてできるわけがありませんから、そこはどうしても割り切るしかありません（と言っても、僕は誰と一緒でも自分を貫きますが）。仕事である以上、「あいつと合わない」という主張や振る舞いは、本当のプロフェッショナルではないと僕は思いますね。

一方でプライベートでの人付き合いはどうか？　僕は積極的に人付き合いをする必要はないと感じています。

プロ野球の現役時代はチームで動いてきましたから、選手や球団スタッフとかとコミュニケーションを取ってはいましたが、引退してからはそこまで多くの人と付き合いがあるわけではありません。一緒にいて心地いい、楽しいと思える人とだけつながりを持っていればいい。社会人にもなれば、誰だって仕事が優先となり学生時代のような交友関係は築けないでしょうから、ちょうどいいと思います。「長い付き合いだから、お世話になっている人だから」と相手に合わせ、気を遣ってばかりいるとストレスが溜まるだけ。

自分を「人見知り」だと自覚していても、他人からすればどうでもいいこと。そのことでなにかが許されるわけではありませんし、優遇もされません。だったら、人見知りだと割り切って行動したほうが、よっぽど楽に生きられると思います。

同業者のYouTubeチャンネルや評論には興味がない

僕のYouTube視聴履歴は、完全に趣味の世界です。

公式チャンネルで好きな曲を聞いたり、往年のドラマやアニメを観たりする。「里崎世代」が小学生時代に小宇宙（コスモ）を燃やした「聖闘士星矢」は、いつ観てもハマる。あとは「Satozaki Channel」で、人気の野球ゲームアプリ「プロ野球スピリッツA《エース》」の実況動画も配信しているので、攻略系ユーチューバーの動画で研究していたりもします。

じゃあ、その探求心を本業の野球でも発揮しているのか？

いや、それはしません。というより、極力しないようにしています。僕は同業者であるプロ野球ＯＢのYouTubeチャンネルをほとんど観ませんし、プロ野球中継も他の方の解説をほぼ聞きません。

「周りがなにを伝えているかより、自分がなにを発信していきたいか」

僕はこれを信条としているからです。

YouTubeでプロ野球ＯＢのみならず、あらゆるジャンルに共通する「ヒットの法則」

のひとつにコラボ動画があります。有名人や知名度の高いユーチューバーをゲストに呼ぶことで、再生回数やチャンネル登録者数が伸びる。僕もこれまでコラボ動画を上げたことはありましたが、他の人よりかなり少ないほうだと思います。

やるのは簡単なんです。でも、それを続けてしまうと、ただでさえ飽和状態と囁かれるYouTube界でさらに埋もれてしまう。だから、「全チーム全試合総チェック」など、面倒だけど（かなりめんどくさいけど……）「Satozaki Channel」の個性を出すための動画に力を入れたいわけです。

本書でもそうであるように、僕は媒体を問わず「辛口」な側面をよく出します。

自分の贔屓の球団を厳しく言われたらイラっとくるファンもいるでしょう。でも、人と違うことをしていかないと生きていけない。現役時代、人気球団の読売ジャイアンツ（巨人）や阪神タイガースがいるセ・リーグに対抗心を燃やし、「もっと目立ってやる！」とライブやディナーショーをやっていたのもそう。「里崎智也」というブランドを確立させ、前面に押し出すためには、時に忖度なく、人と違う路線を走ることも必要なんです。

そういった積み重ねがやがて自信を生む。僕はそう信じているからこそ、どんな場所であってもスタンスを変えない。もし、そのことで誰かに迷惑をかけてしまったら「ごめんなさい」と素直に謝ればいいだけの話です。

相手の意見を考慮しつつ、自己主張もしっかりする

僕はこれまで、YouTubeの投稿動画で数々の持論、提言を展開してきました。

大きなところでは、二〇二〇年の日本シリーズで議論となった「DH問題」です。巨人が福岡ソフトバンクホークスに二年連続で四連敗を食らい完敗したことを受け、敗因の最大要素として取り上げられたのがDH（指名打者制）でした。巨人が所属するセ・リーグはピッチャーが打席に立ち、ソフトバンクが所属するパ・リーグはDHが採用されている。この制度は一九七五年、巨人を中心に人気がセ・リーグに集中していたことから「パ・リーグも人気になるように」と、メジャーリーグにあやかって採用。四十五年後にこのような形で仇《あだ》となって巨人にかえってきてしまったわけです。

二〇二一年のセ・パ交流戦こそ、十二年ぶりにセ・リーグが四十九勝四十八敗十一分の僅差でパ・リーグに勝ち越しましたが、日本シリーズとなると二〇一二年の巨人以降は

パ・リーグの球団が日本一になっていることからもわかるように、パワーバランスが偏っています。

僕はずっと「交流戦を一球団三十六試合に戻し、全試合でＤＨ制を導入する」と提案してきました。交流戦の一球団あたりの試合数は数年ごとに減少をたどり、いまでは十八試合にまで減ってしまいました。一カード三試合だと他のリーグの戦力を把握したり、日本シリーズを見越して戦術を試す機会にも恵まれません。

しかし、いくら僕がこのような案を推奨したところで、最初のころは相手にもされませんでした。だから、少しずつアプローチを変えながら持論を出してきました。

去年であれば、「セ・リーグはピッチャーが打席に立つことのアドバンテージを生かし切れていない」がテーマ。本来ならセ・リーグのピッチャーは、パ・リーグよりバントや進塁打、ランナーを走らせながら打つエンドランなど小技ができるはず。それなのに、打席での対応はまるでできていないし、ピッチャーがランナーとして塁上にいる際の状況判断も鈍い。「それじゃあ、意味ないでしょ。だから、いっそのこと一球団三十六試合、全試合ＤＨ制採用！」と声を上げ続けました。

くどいようですが、僕は自分が思ったことをはっきり言います。

二〇二〇年の「契約更改問題」もそうです。中日ドラゴンズの選手の多くが「あまり評価されていない」と、年俸の査定にいちゃもんをつけていたことが話題となりましたが、僕は断然、球団擁護派です。

結果を残した選手が主張するのは当然です。でも二〇二〇年は、あまりにも特殊な一年でした。新型コロナウイルス感染拡大によりプロ野球の開幕は延期し、レギュラーシーズンも通常の百四十三試合から百二十試合に減少。セ・リーグはクライマックスシリーズをなくし、パ・リーグも優勝チームと二位チームで争うファイナルステージのみと縮小されました。

一番の打撃は観客の制限です。しばらくは無観客。規制緩和されても「上限の五十パーセント」などフルで動員することはできませんでした。それは二〇二一年シーズンも同じです。球団にとって観客動員がメインの収入源となるため、業績は確実に下がる。選手に対し「今年の活躍は評価するけど、こちらの事情もわかってくれ」と言うのは当然です。選手も年俸の交渉は権利ですから仕方ないとしても、このコロナ禍が原因で球団経営が立ち行かなくなったとしたら選手の給料は支払われなくなり、結果的に路頭に迷う。球団と選手はいつも一蓮托生《いちれんたくしょう》なんです。

これはあくまで僕の意見です。自分の考えがあるのは当然のこと。これからも臆せず発言していきます。

「俺の意見はどうだ！」

こんなプライドもあることはあります。でも、周りの意見も参考にしながら、少数派の声も大事にしてもらえるととても助かります。

文句を言わせないための「切り札」はつねに用意してある

二〇二一年四月十六日と十八日の阪神対東京ヤクルトスワローズの試合は、「警告試合」という後味の悪いカードとなってしまいました。

プロ野球では、バッターの頭部にデッドボールを当ててしまったピッチャーは無条件で退場させられるルールがありますが、これだけでは警告試合にはなりません。しかし、デッドボールが多い試合などでは、選手の故障防止などの意味合いを込め、主審が「警告試合」を宣告し、以後同じようなことが起これば退場となる可能性を示唆することもあります。

阪神対ヤクルトのカードがまさにそうでした。

十六日に先発した阪神の藤浪晋太郎《ふじなみしんたろう》選手が六回途中まで投げ二個。十八日の試合でも阪神投手陣はさらに二個のデッドボールを与えてしまいました。試合が荒れ模様となってしまったのは、当てられたヤクルトのバッターが山田哲人《てつと》選手、村上宗隆選手、塩見泰隆選手と、中心選手だったことも大きかった。ヤクルトからすれば、主力選手がデッドボールが原因で怪我でもして、長期間、離脱をしたら順位にも大きく影響しますから「黙っていられなかった」のでしょう。

ただ、これも「Satozaki Channel」で話しましたが、警告試合になった原因を藤浪選手だけの責任にしてしまっている論調に納得できなかった。

たしかに藤浪選手は、決してコントロールに優れたピッチャーではありません。ヤクルトをはじめ相手チームのバッターだってそれを理解した上で打席に立つ以上は、「当てられるかもしれない」ことも想定した上で対処していかなければなりません。「当てられないようにするにはどうすればいいか？」といった対応もプロとしての駆け引きのひとつですし、厳しいことを言わせてもらえば、もっとボールをよけるスキルを身につけたほうがいい。

これも動画で補足しましたが、プロ野球史上唯一の三度の三冠王に輝き、中日の監督としてもチームを日本一に導くなど「名選手であり名監督」の落合博満さんが、「最近の選手は防具に守られているから、ボールをよける練習をしていない」と言っていました。フェイスガード、アームガード、フットガードと「キャッチャーの防具か！」と突っ込みを入れたくなるくらい、いまの野球界はバッターも怪我防止のプロテクターを身につけています。その安心感から「ボールをよけるスキルが低下している」と断じた落合さんの意見に賛同しました。

動画で落合さんの名前を出させてもらった理由は、それだけではありません。

実績があったり、相手を論破できるほどの理論と説得力を持っていたりする人を引き合いに出せば、批判を回避できることがあるからです。

「じゃあ、デッドボールを当てていいってことかよ、里崎」

そんな批判を受けるのは一向に構いませんが、僕はこう返せるわけです。

「僕にそう突っかかるのであれば、同じことを落合さんにも言えるんですね？」

この件では落合さんでしたが、僕はこうやってたびたび「スパイス」を用います。「モノ申したいな」と思ったネタがあったら、インターネットや新聞などで僕が取り上げたい題材で意見を述べている人を探す。そこで「この人のこの考え、ありやな」と同調すれば引用させてもらいます。相手に文句を言わせないために、こういう鎮火方法もあるんです。

平均的な選手になるな

近年、よく耳にする「選手ファースト」という曖昧模糊《もこ》な標語。

「選手を第一に考えた大会を」なんて、それっぽく言っている人を見かけますが、ならば聞きます。本当に選手ファーストなんですかね？

プロ野球で言えば、一軍も二軍も、二十年目の大ベテランも一年目のルーキーも全員が選手です。「選手ファースト」と謳《うた》う以上は、本当に差別も区別もなく優遇してもらえるんですか？ そんなことはありません。一年目の選手が二十年目の選手と同じ環境を求めたところで、「お前は若いから」「結果を出してないから」などと御託を並べられ、言いくるめられる。

そう、アスリート社会に「選手ファースト」なんてありません。存在するのは「結果を出した選手ファースト」だけです。優遇されるためには実績を認めてもらうしかない。

これはスポーツに限らず、組織で働く人間は、立場が上の人たちの「気分」によって立ち位置を決められています。

野球の監督の立場としても同じこと。仮にふたりの選手がいて、年齢も大差はなく成績も似たようなもの。同じ右投げ右打ちで、いずれも右ピッチャー、左ピッチャーに対する得手、不得手もない。では、どうやってスタメンを選ぶか？　試合前の練習の印象だったり、つまりはインスピレーション、気分です。

これならまだいいほうです。仮に監督がプロ野球界で絶大な影響力を持つA大学のOBだったらどうでしょう？　選手のひとりがA大学出身、もうひとりがライバルのB大学出身だったならば、ほぼ間違いなく前者の選手にチャンスが与えられるでしょう。両校よりもブランド力がないC大学出身の選手となると、入り込む隙がなくなってしまうわけです。

だからこそ、結果が重要なんです。

第一章でも述べましたが、結果さえ出せばある程度の要望は汲《く》み取ってもらえるし、優遇もされます。要するに「結果を出した選手ファースト」となれるんです。

なにも平均的に優れていなくてもいい。二〇一六年まで巨人に在籍していた鈴木尚広さんは、ほとんど代走だけで通算二百二十八盗塁を記録しました。年俸だって、レギュラーとして稼働していない年数のほうが多いにもかかわらず五千万円以上を稼いだ年もありました。彼のように飛びぬけた武器、一芸に秀でていればチームから重宝されるんです。

仕事や勝負の世界で結果以外に大事なものなんてありません。「過程が大事」「仲間がいるから頑張れる」のようなきれい事を並べる前に、最善の努力を心掛けましょう。結果を残してから好きなことを言えばいいんです。

同業者にほとんど連絡しない理由

僕には野球界で懇意にしている人、頻繁に連絡を取り合っている人はほとんどいません。というより、連絡先を知らない人が多いし、僕から聞くこともまずありません。

千葉ロッテマリーンズで現役のときからそうで、試合後に特定の仲間と毎日のように食事に行くことはありませんでした。ちなみに、当時のチームメートで比較的「仲がよかった」と言えるのは、同い年の渡辺俊介と一歳上の福浦和也さんくらいでしょうか。とはいえ、ほかのメンバーともそれなりに会話はしていたかと思います。

いまでもシーズンオフになればロッテのメンバーと必ずゴルフに行きますし、ほかの野球関係者の人たちともラウンドすることはあります。食事に関してもロッテ時代の後輩から「里崎さん、ご飯連れて行ってください」と頼まれれば、スケジュールが空いている限りは断りません。

「里崎って、ぼっちなの?」

ひとりゴルフは違和感なく行けますし「ぼっちメシ」だって日常的なことなんでそう言われれば否定しませんけど、誰かとご飯に行く回数はそれなりにあると思います。僕は人を誘うのが面倒なタイプの人間なんです。

一般的には「交流が広いほうがいい」と信じられていますが、僕からするとそれは、仕事に関してだけに言えることだと思っています。

学生時代なら交流が広いと、それなりに楽しい日常を過ごせたでしょうが、社会に出ればそんな気ままな生活と決別しなければなりません。週末の休日であればそれも役立つかもしれませんが、人生を豊かにしたいのであれば仕事で人脈を広げたほうがよほど建設的かと。

僕のケースで言うと、プロ野球シーズンとなれば朝はテレビ出演し、午後からはナイターで解説のため夜まで仕事です。球場を出るのが夜十時なんて当たり前。晩ご飯は仕事場で食べられますし、誰かと行くこともあればひとりで済ませたりとさまざまです。一週間のうち自宅でご飯を食べられるのが一日、二日の生活ですから、そもそも誰かと連絡を取るような暇なんてないわけです。

だから、里崎が特別「ぼっち」なのではなく、一生懸命に仕事している人なら、必然的にそうなっていくだけの話です。

YouTubeで現役選手とコラボしないわけ

くどいようですが、僕からはプロ野球関係者に電話をしません。連絡先を知っている人であっても、自分から電話をするのは年に数えるくらいしかありません。そもそも、そこまでする必要性を感じないんです。

それが、僕の強みだと思っています。

シーズンオフになると、プロ野球ＯＢのチャンネルは現役選手とのコラボ企画で溢れ返ります。前述しましたが、僕は現役選手だろうがＯＢだろうが、積極的にコラボ動画を投稿しません。現役で言えば、以前、ソフトバンクのキャッチャー・甲斐拓也選手が「Satozaki Channel」に出演してくれましたが、これは球団から「どうですか？」と提案を受け、僕自身も同じキャッチャーとして「面白いな」と感じたから実現した企画でした。

ここで改めて、僕がコラボをしない理由を説明しましょう。

ひと言で述べるなら「リスクの回避」です。コラボ動画を多くしてしまうと、ゲストのネームバリューによって視聴者から「観る」「観ない」を判断されてしまう。そして、そのゲストはほぼ間違いなく他のチャンネルにも出演しているため、代わり映えしなくなる。

自分にも経験があるのではっきり言えます。僕もいくつかのYouTubeチャンネルでゲスト出演させてもらうことがありますが、当然のように同じ質問はありますし、答えも同じになる。自分で「話し方を変えたり、少しトークで盛ってみたり区別しないと」と心掛けたところで、内容は同じだから苦しくなる。なので、前にも触れたように「コラボばかりだと埋もれてしまう」と感じるわけです。

もうひとつ、重要なのが予算です。

テレビの番組ならば、最初に予算が決められているためその範囲内でなら赤字になることはありませんが、YouTubeの場合は先行投資です。お金をかけて動画を出し、再生回数に応じて収入が決まる。ゲストを呼ぶということはギャランティが発生しますから、その分の元を取らなければ動画にする意味がない……ないわけではありませんけど、赤字が膨らんでしまえばチャンネルの存続も問われかねません。僕の「一丁目一番地」である「お金」がかかわりますからね、そこはシビアにいかせてもらっています。

「Satozaki Channel」の運営者は僕、里崎智也です。自分を強くアピールし、ブランディングしていくために、このような差別化は大事なんです。

「厳しい」と思えばやめればいい

【読者のみなさんへお願い】

これからつづる「思い出」は、あくまで当時の話であり、里崎の主観も多く含まれています。くれぐれもいまの実情と結びつけないようお願いいたします。


体裁を整えさせてもらったので、ここからは自由にいきます。

小学二年生から野球を始めましたが、その間には厳しいことがたくさんありました。練習はもちろんですが、進学するにつれ厳格な上下関係もそれなりに経験しています。

最初に厳しさを痛感したのは鳴門工業に入ってからでした。

「グラウンドでは歩かない」「返事は大きな声で」など先輩からの決まり事がたくさんあり、誰かがちょっとでもルールを破れば連帯責任での「ご指導」が待っています。同学年の間では「粗相のないよう、注意して行動しような」と奇妙な連帯感が生まれるんですが、それでもやはり見つかるもので「こんなんばっかで嫌やなぁ」と、何度思ったことか。僕は実家から通っていたからまだマシでしたが、寮生は大変だったと思います。

その大変さを身をもって叩き込まれたのが、帝京大学時代です。

徳島県から上京（実際は相模湖でしたが）した僕は、野球部の合宿所に入りました。入寮から二年生に進級するまでの一年間は、まさに修行の日々でした。

帝京大学の合宿所は四人部屋で、部屋割りは「各学年ひとりずつ」もしくは「一年生ふたり、二年生、四年生」がベースでした。炊事、洗濯、掃除……一年生に課せられた仕事は多く、寝るのは決まって深夜。朝六時起床は決められていたため、睡眠時間などないに等しかった。

野球に限らず、それなりに厳しい運動部で頑張ってきた人なら理解できるでしょうが、学生時代のヒエラルキーは絶対です。一学年でも上の命令は必ず従わなければいけません。少しでも粗相があれば、大学でも「ご指導」が待っていました。

もっとも、高校も大学も「修行期間」は一年間で、新入生が入部してくれれば、僕たちがやってきたしんどいことを彼らがやってくれる分、だいぶ生活は楽になります。

「そこまでして、野球を続けられるものか？」

いまの若い人たちからは、きっと怪訝《けげん》な顔で聞かれることでしょう。答えはイエス。たしかに厳しかったですが、やめようと思ったことは一度もありません。なぜなら、高校も大学もそれが当たり前の社会だったから。厳しい上下関係が僕ひとりだったならば、それはただのイジメです。そうではなく、一年生全員が同じ境遇である以上は、誰だってそれが当たり前だと感じる。当時のアマチュア野球界は、少なくともそういった認識だったはずです。

僕の学生時代よりさらにさらに遡りますが、一九八九年の「新語・流行語大賞」で〈24時間タタカエマスカ〉が銅賞を獲得しました。

時はバブル絶頂期。人気だった栄養剤「リゲイン」のキャッチコピーで、CMに出演した俳優の時任三郎《ときとう》さんが歌う「勇気のしるし〜リゲインのテーマ〜」は爆発的ヒットを記録しました。この少し前は「企業戦士」なんて言葉も流行ったそうで、つまり「馬車馬のように働くこと」が評価された時代だったわけです。現代でこんなことを上司が部下に課したらパワハラ確定。

このように、上下関係が厳しい世界が当たり前だったからこそ、僕も「好きな野球を続けるためには我慢しないといけないんだな」と違和感なく受け入れられた。

厳しい期間はひととき。学生時代は一日が長く感じるため、それが永遠に続くかのように錯覚し、落ち込むこともあるでしょうが、本当に辛ければやめればいいだけの話。結局、その人にとって野球だったり、好きだと思っていたことはそれほどでもなかったことになるだけですから。

大学時代は「平日は積極的に通学。休日は寮で留守番」

唐突で恐縮ですが、大学時代、僕は真面目な部類の学生だったと思います。

二十歳を迎えても、お酒はそれほど飲まなかったし、タバコももちろん吸いませんでした。パチンコなどの賭け事にも興味がなく、どうしても暇で時間を持て余すようなら、せいぜいゲームセンターに行くくらいでした。下級生時代は休日に先輩たちの雑用から解放されると、同級生は新宿など繁華街に繰り出しましたが、僕は行きませんでした。帝京大学野球部の合宿所は相模湖。ひとたび街へ繰り出そうものならば、その日のうちに帰ってこられないから、友達と飲み屋をはしごしたりして一夜を明かす。お金がかかる。

時間もお金ももったいない。じゃあ、大学時代の里崎は休日になにをしていたのか？
僕は合宿所にいました。当時はスマートフォンなど存在せず、携帯電話も学生にとっては高級品だったため、電話はもっぱら据え置きタイプ。いわゆる「家の電話」です。寮には選手の親御さんや友人たちから電話が来るため、下級生時代は「電話番」という当番がいました。僕はその役割を積極的に買って出ていたんです。

休日は誰だって外に遊びに行きたい。下級生なら、日ごろこき使われている先輩たちから解放されたいのでなおさら。そんな欲望まみれの同級生たちのために、僕が「お前の分と交換してやるよ」と、当番を代わってあげていました。

これほど楽なものはありません。合宿所に人がほとんどいないため、食堂や休憩所などのパブリックスペースを使い放題。ソファに寝転がりながらマンガを読んだり、テレビを観たり。お金を使うこともなく、自由な時間を手に入れられる。実に安全で快適でした。

では、同級生と交換した分の当番はいつ使っていたか。どうしても用事があるときなどに使っていましたが、平日に学校へ行きたいときにも利用していました。

帝京大学の場合、リーグ戦の開催期間でも二限目までは必修を受けられていたため、必ず出席していました。それに加え、僕は二年になってから教員免許を取得するための科目を選択したため、ほかの選手よりも多く学校へ行かなくてはなりません。

なぜ教員免許を取得しようと思ったかって？

保険です。たしか高校時代だったか。特段、プロ野球選手を目指していなかった僕は「俺はどんな仕事をしたらいいんだろう？」と漠然と考えていました。そこで脳裏をよぎったのが教職です。教員免許を取ったからといって必ず教師にならなければいけないわけではないため、「就職の選択肢を増やしておこう」と大学でカリキュラムを受けることにしたんです。

そんなわけで、入学当初からとにかく学校へ通いました。経済学部に在籍していた僕は単位も取得したかったですが、最大の目的は、合宿所にいたくなかったから。

休日と違い平日は寮に先輩がいます。いれば必ず雑用を頼まれる。それを回避するための通学でした。寮での面倒に比べれば楽だし、せっかく親に大金を出させて東京（相模湖）の大学に行かせてもらったからには、「ちゃんと卒業くらいはしないとな」といった使命感もありました。

ところが二年生の春。僕の生活様式は少しずつ変わっていきました。

帝京大学が所属する首都大学リーグ戦で四試合連続ホームランを記録したことで、秋のリーグ戦からはプロ野球のスカウトがちらほらと僕を視察しに来るようになりました。

「お前を本気でプロに行かせたいから、選択科目は受けないでくれないか」

宮台俊郎監督からのお達しでした。ここで、僕の教師への道は一時休止。でもそのころは「いつでも再開できるし、本当にプロへ行けるんだったら頑張ろうかな」と。好きな野球がこの先も続けられるんだという喜びのほうが強かった。一般科目は継続して受けられていたため生活習慣はさほど変わらず、二年で八十単位を取得。早くも大学から「卒業見込み」をいただきました。三年までに卒業ラインの単位を取ったため、四年生では学生証をもらいに行った日とドラフト会議当日の二日しか大学に行っていません。

平日は大学へ通い、休日は寮に残る。

一般学生なら当たり前の生活ですが、野球部では特殊でした。これも、先輩からの雑用を回避する「逆転の発想」。僕は比較的、安全な大学ライフを過ごすことができました。

雑用を避ける工夫がプロへの道を開いた？

プロ野球選手になれた要因のひとつとして、鳴門工業時代から精力的に行ったウエートトレーニングを挙げましたが、これに補足するとすれば大学時代の素振りも生きました。

帝京大学の一年と二年の二年間は、とにかくバットを振りました。

当時、野球部の合宿所が薬学部の敷地内に建っていたこともあり、選手たちはいつでも構内を自由に移動できました。そこで僕は、同級生を誘って夜な夜なガラス張りの校舎の前で、バッティングフォームを確認しながらひたすら素振りをしていたんです。時間にして三、四時間くらいでしょうか。それが、僕にとってルーティンとなっていました。

ここで疑問を抱く人がいるかもしれません。

「野球部の合宿所にも簡単な練習スペースがあったんじゃないか？　そこで素振りすればいいし、なければ合宿所の前でもできるだろ。どうしてわざわざ、そんなところまで行ってやる必要があるんだ？」

先輩の雑用を回避するためです。

野球好きの僕にとって「練習」と「先輩の雑用」のどちらを選ぶかは、天秤《てんびん》にかけるまでもなく明白です。

　合宿所での部屋割りは前述した通り、必ず先輩と同部屋となります。したがって、練習後に部屋にいれば買い出しを頼まれたり、軽食を作らされたりとなにかしら雑用を頼まれる恐れがある。仮に用事がなかったとしても、先輩たちが部屋でテレビを観ていたり、リラックスしていたりする一方で、一、二年生は黙って体育座りをしているしかありません。下級生とはいえ彼らの部屋でもあるため、先輩も「出ていけ」とは言えない。だから僕は、気を遣ってバット片手に素振りへ出かけていたわけです。完全なる利害の一致。合宿所の当番が割り当てられていない日は、ほぼこれが僕の日課となっていました。

　同級生と構内を徘徊《はいかい》しながら「今日はここでやろう」と場所を決め、しばらく世間話をする。ただ喋っていてもつまらないから、素振りをしながらまた話す。そんなことを繰り返しているうちに三、四時間はあっという間に過ぎてしまいます。先輩の雑用を回避でき、練習もできる。まさに一石二鳥の「作戦」でした。

　日々のウエートトレーニングと夜の素振りにより、僕はさらにレベルアップしました。二年生春のリーグ戦での四試合連続ホームランなどで成果は証明済み。三年生秋のリーグ戦では首都大学リーグで優勝することもでき、大学生活で唯一の全国大会である明治神宮大会に出場できました。結果、個人としてもチームとしても成功を収められたわけです。

プロ入りできた背景には、先輩の雑用逃れで始めた夜の素振りもあった――。

嘘のような、本当の話です。

リードを磨いても正捕手にはなれない

キャッチャーとリードは、切っても切れない縁のように思われます。

それは、まやかしです。

リードとは、ストレートや変化球を外角、内角、高低などのコースへ要求し、相手バッターを三振や凡打に打ち取る「配球」を指します。全球ど真ん中にストレートを投げてしまえばバッターに読まれて打たれるように、そこには当然、駆け引きは存在するわけですが、野球の世界に「優れたリード」の定義などありません。

チームが勝てばいいリード。負ければ悪いリード。以上です。

大事なのはリードより、キャッチャーがどれだけピッチャーから信頼されるかです。そのために僕たちは相手チームのバッターを研究し、配球を学ぶんです。

準備はいわば当たり前。若手時代はそれこそ、試合が終わってから二時間、三時間はビデオルームで自分のリードを振り返りましたし、相手チームのバッターも研究しました。それを何年も続けていけば、「このバッターは初球からあまり振ってこない」「二ストライクに追い込まれてからは変化球を待つことが多い」など傾向がわかってくる。新しい選手が入団してくれば追加で確認していく。それを繰り返していけば、自然と相手バッターのデータはインプットされるし、効率よく映像をチェックできる。傾向と対策を押さえられるわけです。

だからといってリードに長《た》け、チーム内で立ち位置が築けるわけではありません。

いくら配球を勉強してもチームを勝たせられない、チャンスで打てないとなるとチームへの貢献度は下がる。でも、打てるようになれば「里崎のホームランで勝てた」と、年上のピッチャーであろうと少しずつ信頼してくれるようになる。ピッチャーとキャッチャーのバッテリーは共同作業です。いくら僕と相性が悪いピッチャーがいたとしても、ほかのキャッチャーで勝つことができなければファーストチョイスは僕になる。完全にパワーバランスで上回れるわけです。

リードというのは、あくまでもキャッチャーの一要素にすぎません。

もっとリードのことを知りたければ「Satozaki Channel」をご視聴ください。損はさせませんよ。

僕が仕事で忖度するのは雇い主と顧客

YouTubeでの言動や、野球中継の解説などでもおわかりかと思いますが、僕は自分が感じたこと、伝えたいことをはっきりと言葉にします。

自由奔放。好き勝手。そんなイメージを持たれるかもしれませんが、ここにも僕なりの「決まり事」が存在しています。

それは、雇い主と顧客には忖度すること。

雇い主とは、僕にギャランティを支払ってくれるクライアント。顧客とは、メディアの向こう側にいるファンなどを指しています。

「あんなはっきりした物言いで、それはないだろう」

それが、あるんです。この決まり事を最も体現しているのが、「日刊スポーツ」での評論です。

僕はキャッチャー出身なので、その視点からの批評を求められることが多い。担当した試合が巨人戦であれば、相手がどこであれクライアント（日刊スポーツ）は「巨人で面白い切り口はありそうですか？」と相談をもちかけてくる。ピッチャーが好投して勝ち投手になれば、キャッチャー目線で配球などを述べ、バッターが活躍したのであれば狙い球などから要因をつづる。「巨人が売れる」とプロのメディアが発行部数の調査などの過程で「巨人が売れる」とプロのメディアが判断してのことですから、僕も紙面の向こう側にいる読者のために評論するのは当然です。

ほかのチームでも求められるのは同じで、たとえば二〇二一年に好調だったオリックス・バファローズの試合を担当し、高卒二年目にして急成長を遂げた宮城大弥《ひろや》選手が勝てば、彼が主語になる――といったように、世間の注目度が高い選手を必ず取り上げます。この決まり事さえ守れば、あとは自由。「里崎調」でお送りできるわけです。

僕にとっては「仕事＝遊び」ですけど、クライアントがいてお金がもらえる以上、世間的にそれは仕事となります。ならば、僕もプロとして相手の要望には応えなければなりません。そうすることによって、ファンなどの顧客が満足してくれる。

だからもし、僕の「毒舌」の対象にされたくなければ、クライアントになってください。目に見える顧客になってください。みなさんをもっと楽しませますよ。あとは僕を雇うかどうかです。

第六章　失敗のすすめ

――人生、挑戦しないと損です

人との出会いを「運」と勘違いしないために

第三章で説明しましたが、僕は千葉ロッテマリーンズ一年目の一九九九年に二軍バッテリーコーチ（当時）の山中潔さんと出会うことによってキャッチャーとしての基礎を学び、成長させてもらうことができました。

「山中コーチと出会えた里崎は、運がいい」

そう思う人もいることでしょう。たしかに人との出会いは大事です。でも、僕と山中さんを引き合わせたのは「運」ではありません。言うなれば「必然」です。

プロ野球の世界で「のし上がりたい」と向上心を前面に打ち出す里崎。プロのコーチとして、「ひとりでも多くの選手に活躍してもらいたい」と心血を注いでいた山中さん。ふたりの情熱があればこその「師弟関係」でした。

これまで説明してきたように、山中さんは本当に根気強く僕たち若手選手に寄り添ってくれました。通り一遍に「この練習をしろ」と押し付けるのではなく、選手一人ひとりの実力、踏んでいくべき段階をしっかりと見極め、僕であれば「キャッチングの前に構えをしっかり固めたらいいと思うぞ」と、道を示してくれる。そういう指導者だからこそ、僕も山中さんについていくことができましたし、キャッチャーとしてのスキルも格段に上げていただくことができたのだと自負しています。

たしかに当時、ロッテの二軍には山中さんしかバッテリーコーチはいませんでした。「そこで山中さんがいた里崎は運がいい」と決めつけられるのは正直心外だし、僕たちの関係性はそんな単純なものではありません。

そういうのもあって、僕は「運も実力のうち」なんて言葉が嫌いなんです。ここでの話でたとえるのなら、僕は「山中さんという指導力のある方に鍛えてもらえた。だからそれは運でもなんでもなく、実力を付けたことになる」というわけです。

ここまででもわかるように、山中さんと僕は「過程」を大事にしてきました。過程とは努力の方向性を見誤らないことであって、いくら努力をしたところで結果を出すことができなければ、その過程は間違っていたことになります。

何度も何度も練習し、チャレンジする。九十九回失敗したとしても、一回でも成功すればいい。千回のうち一回でもいい。成功が多ければ多いほど、それまでの失敗は「いい過程」として評価されるはずです。

そういった積み重ね、挫《くじ》けない精神なんかも、僕は山中さんから学ばせてもらいました。

声高に言いたい。「里崎だって完璧じゃないんですよ！」

あるテレビ局との打ち合わせでのこと。番組スタッフからリクエストがありました。

「今シーズン、オリックスの吉田（正尚《まさたか》）選手のバッティングで、印象深かったのはどの試合ですか？」

僕は間髪を容れずに即答します。

「いきなり聞かれてもわかりません」

吉田選手は二〇二〇年シーズンでパ・リーグ首位打者となり、東京オリンピックにも主力として出場したように、プロ野球でも指折りの好打者であることはもちろん知っています。二〇二一年シーズンにしても打率三割超えと、順調にヒットを量産しました。その程度の知識はありますが、「印象深いバッティング」と聞かれて即答できるなんて、よほど彼に注目している人くらいでしょう。

だから、僕はこう付け加えました。

「時間をいただけるなら映像を観たりして調べますけど、すぐには答えられません」

僕もプロです。その場で曖昧に答えてしまうことは、すなわち「嘘をついてしまう」ことと同義です。適当に答えてその場を取り繕い、スタッフが「それでいきましょう」と決定し、曖昧に試合を挙げてしまえば、もしかしたら熱狂的なオリックスのファンから「いやいや、それよりこっちでしょ」と指摘を受けてしまうことだってあり得ます。ちょっとした嘘や適当な振る舞いによって、僕自身の評価を落としてしまうわけです。

読者のみなさんやプロ野球ファンからすれば、僕の出身である千葉ロッテマリーンズのことなら「なんでも知っている」とお思いでしょうが、そんなことはありません。ほかの球団よりは各選手の状態やチーム状況は把握できているかもしれませんが、個人のトレーニング内容などバックボーンを一人ひとり熟知しているわけではありません。

だから僕は、いつもはっきり告げています。

「みなさん、いいですか。僕にも知らないことはありますからね。この里崎だって、完璧じゃないんですよ。そこはちゃんと理解して聞いてくださいよ！」

予防線と言えばそれまでですが、適当に仕事して評価を下げるよりマシです。

「聞くは一時の恥、聞かぬは一生の恥」

小学生でも知っているこのことわざを、僕は大人になったいまだからこそ肝に銘じています。

「元プロだから」と、くだらないプライドのためにファンやマスコミを見下して、本来得られる知識を得られずに終わる。そのほうがよっぽどかっこ悪い。だから僕は、誰であっても知らないことは聞きますし、教えてもらえば「ラッキー！」と喜びます。

そうやって、日々学んでいったほうが人生幸せじゃありませんか？

結局は自分の感性が一番

僕は選手を指導する役割より、組織を運営する立場のほうに興味があります。だから、引退してからはそういったジャンルの本を読んできました。

ＦＣバルセロナはどうやって運営しているんだろう？　スペインリーグはもちろん、ヨーロッパの頂点を争うチャンピオンズリーグでも優勝経験豊富なクラブを維持するために、どのようにして選手を育成し、財政面でも収益を増やしていったのか（現在はコロナの影響で財政難らしいですが……）。日本のスポーツ界なら、僕の母校である帝京大学のラグビー部。岩出雅之監督は、いかにして前人未到の「大学選手権十連覇」を成し遂げられたのか。駅伝ならば、青山学院大学の原晋《すすむ》監督のマネジメント能力。弱小だった陸上競技部を、どうやって四連覇を含む五度の箱根駅伝優勝の強豪チームに育て上げたのか。

スポーツ以外にも、大阪のユニバーサル・スタジオ・ジャパンの経営方針など、企業のマーケティング方法なんかにも興味があり、数多くの本を手に取りました。僕の知らない世界。さまざまな分野で成功した方たちの体験に触れることで知識を得られるし、なにより刺激を受けます。

ＳＮＳ全盛で、すぐに情報を仕入れられる時代だからこそ、僕は自分で得たものを大切にしたいと思っています。

私生活でもそう。グルメ情報サイト「ぐるなび」でたとえるなら、基本的に高評価より、低評価の店舗のほうが気になります。理由は、多くの人が「いい」と言っているなら、見る必要がないから。それならば、いっそのこと一点台の評価の店で食べてみたい。「店内は汚い、接客も最悪。でも、料理はめちゃくちゃおいしい」と思えば、少なくとも僕の評価は三点台だったりするだろうし、個人によって評価は違います。

だからといって、いいものすべてを忌避しているわけではなく、冒頭の読書のように優れた組織には興味がそそられますし、人から勧められれば試すことだって当然あります。

重要なのは意思。自分で決めたことなら、チャレンジする。未来の成功につなげるための失敗ならば、周りの意見に惑わされることなく進むことが大事です。


高校時代に勝てなかったのは川上憲伸《けんしん》さんのせい

好きで始めたことなのに、やめてしまう。それは、本当に好きじゃなかったから——とは、第二章で述べた通りです。

鳴門工業に入ると、それまでの楽しさから一変、厳しさが待ち受けていました。練習そのものも中学までのそれとは比べ物にならないほどの量でしたが、それ以上に新入部員を恐れおののかせたのが上下関係です。そのせいで、いくら実力があり、期待されて野球部に入部した一年生も多く辞めていきました。

一年……いや、たった四、五か月耐えればよかったのにと、僕は思うんです。なぜなら、三年生が引退し、最初の夏休みを乗り越えれば、あとは二年生の先輩たちが優しくなるから。それまで厳しかったのは、彼らも三年生の目を気にしていたから。一年生を野放しにしてしまうと自分たちが「ご指導」を受けるからです。

そんなわけで、僕らの世代で下級生から主力となれたのは里崎と、のちに競輪選手となる湊聖二くらいで、戦力はかなり乏しかった。ただ、一学年先輩は力のある選手がそろっていたため、一年生の秋からキャッチャーのレギュラーとなった僕自身、「結構、いい線まで勝ち上がれるんじゃないか？」と期待していたものです。ところが……。

一年秋は初戦で徳島商業に〇対四で敗戦。二年春は徳島県大会ベスト4まで進出しましたが、夏はまたも初戦で徳島商業に一対二で負け、苦汁を嘗めました。

時は一九九三年。徳島商業。このワードでピンと来た人。あなたは、なかなかの野球通です。そう、徳島商業にはあの川上憲伸さんがエースに君臨していたんです。

この年の夏、徳島を制して甲子園に出場しベスト8。川上さんは卒業後に明治大学に進学し、ここでもエースとして活躍。ドラフト一位で中日ドラゴンズに入団すると、一年目から十四勝を挙げ新人王。メジャーリーグでもプレーした一流ピッチャーでした。ちなみに、現在は僕と同じユーチューバーで、「川上憲伸　カットボールチャンネル」はチャンネル登録者数約十五万人（二〇二一年十月現在）と、ファンから支持されています。

川上さんは高校時代から百四十キロを超えるストレートをバンバン投げ込む本格派ピッチャーでした。当時の高校生の百四十キロはいまの百五十キロに相当しており、初見では打ち崩せるわけがありません。僕はもちろん、力のある鳴門工業の先輩たちですら攻略できませんでした。

そもそも、翌春のセンバツ高校野球出場をかけた秋の大会と夏の甲子園を目指した県大会で当たるものか？　しかも初戦で。運の悪さを通り越して、「どんだけクジ運いいんだよ！」となかばあきれるように感心していたほどです。準々決勝、準決勝ならば、当時は連投の時代ですから体力も消耗し、僕らにもワンチャンスあったかもしれませんが、初戦ともなれば川上さんのコンディションは万全です。勝てるわけがありません。あまりにすごかったので、「打倒川上」とライバル視すらしませんでした。

力があった先輩たちが結果を残せなかったのだから、僕らの世代で甲子園に行けるわけもありません。高橋広監督もそれを見越してか、絶対的なレギュラーは僕と湊くらいで、残りは下級生中心のメンバーでチームを編成しました。

二年秋はベスト8。これはクジ運がよかっただけ。三年春は一回戦敗退。そして、最後の大会となった夏は三回戦で鳴門に一対八とコールド負け。里崎智也の高校野球生活は、このようにあっさりと終わりを告げたのでした。余談ですが、下級生のときから経験を積んだ後輩たちは、僕たちが引退した直後の秋の徳島大会で優勝。四国大会まで勝ち進んでいます。

僕の野球人生で唯一、優勝を経験できなかった高校時代。

チームとしての成功体験は積めませんでしたが、仕方がありません。川上さんは打てっこなかったし、僕らの代も弱いと自覚していたから。その分、先述したようにウエートトレーニングなどで自分のスキルを高められたので、無駄ではなかったと思っています。

人間関係は失敗から深まる

鳴門工業入学後から本格的な上下関係を学んだと何度も触れてきましたが、あくまで当時の僕は地元の高校に通っており、どんなに厳しかろうと終われば自宅に帰り、本当に束《つか》の間の安らぎを手にすることができていました。

帝京大学に入学してからは、それすらなくなったこともすでに述べた通り。野球部を辞めなかったのは「野球が好きだから」ではありますが、ほかの要因もありました。

野球部を辞めたら、大学も自主退学しなければいけなかったから。

セレクションなどの推薦で大学に入った僕のような選手が、野球部を退部後も大学に在籍できる可能性は低い。よほど気持ちを入れ替え、勉学に勤《いそ》しむと固い決意があるのなら残れるかもしれませんが、まず大半は自主退学します。

いまでこそ、大学を辞めた選手には独立リーグやクラブチームといった「救済」のような受け皿が増えましたが、僕の大学時代は社会人野球くらいしかありませんでした。大学四年間、野球をまっとうしたとしても狭き門である「ノンプロ」と呼ばれた世界に、挫折した人間が入る余地などあるわけがありません。

だから、どれだけ厳しかったとしても野球部に残るしかなかった――というわけでもありません。

高校時代と同じように、最初はどんなに過酷な環境であったとしても、いずれ必ず終わりがやってくる。高校では半年弱だった期間が、大学では一年と少し延びたとはいえ、二年生に進級すれば間違いなく自分の置かれた立場は好転する。物事には必ず「順番」があります。僕としてはおいしい料理を食べるために、お店の行列に加わっているのと心境は同じでした。

これだけだとそっけなく感じますから、もうひとつの理由を教えます。

決して安くないお金を払って徳島から遠く離れた東京（相模湖）へ送り出してくれた両親。「お前ならやれる」と大学に推薦してくれた鳴門工業の高橋広監督に申し訳が立たないからです。僕を後押ししてくれた人たちに合わせる顔がない。それでも帰る場所は地元しかなく、かといって就職しようにもコネがあるわけではない。工業高校を出ていても、即戦力で採用されるだけのスキルを持ち合わせていない。要するに、僕には野球しか取り柄がないわけです。

そう考えると、「辞める」という選択肢がある人たちが羨ましくすら思えます。

学力で名門大学に入学できた人であれば、少しフラフラしてから別の大学に再入学できるかもしれませんが、一度「辞める」という逃げ道を覚えてしまった人が、楽な生活を簡単に捨て去ることなんてできないような気がします。僕はそういった道に進んだことがないからわかりませんが、辞める選択肢がある人というのは、実は不幸なんじゃないか？と思ったりします。

僕は野球界でしか生きてこなかった人間ですが、どんな世界にも理不尽は存在します。そのほとんどが人間関係だったりするでしょう。学生時代なら友達がその大半を占めるでしょうから、うやむやにやり過ごせることは多いかもしれませんが、社会に出ればそれは通用しません。「この人と合わない」と退職ばかりを繰り返してしまうと、そのうち採用すらされなくなってしまうんじゃないですか？

人間関係というのは、失敗の繰り返しから築けるものだと思います。

対応を間違えた。じゃあ、次はこうしよう。そうやって、個人やコミュニティでのやり取りを経るからこそ、自分の立ち位置を確立できる。ただ、僕に関しては「自分が一番好きだ」という揺るぎないポリシーがあるため、実践することはほぼありませんが。

成功していないなら、さっさと失敗したほうがいい

「勇気がある」

そう言われると肯定的に捉えがちですが、すべてが該当するわけではありません。場合によって「勇気」は意固地の表れとなり、自分の成長を妨げることとなります。

僕は若手時代、変化することは当然だと思っていました。

二〇〇二年。この年に西武ライオンズから移籍してきた原井和也さんがベンチで教えてくれたことに、僕は衝撃を受けました。

「伊原（春樹）さんは『来ない球を待っていても一生打てない。でも、ちょっとでも考えて、来る球を待って打つことができたら打率が一割上がる』って言ってた」

当時、西武の監督だった伊原さんは「智将」と呼ばれていました。戦術家としてさまざまな作戦でチームを勝利に導いた方から教わった原井さんの言葉には説得力がありました。目からウロコが落ちるようでした。それまでの僕は「ストレートを待ちながら、変化球も対応していこう」という、バッターとしてはベーシックな考えかたでした。それを「初球にスライダーが来ればスイングしよう」といったように、バッターでありながらキャッ

チャーとしてリードをする意識で打席に立つことを心掛けていったんです。

活字にすると簡単そうに思えるかもしれませんが、意識を変えるということはすぐにできることではありません。なにせ、それまで十年以上、染みついてきたものを変えるとなると、極端すぎるくらい意識しないと本当の意味で自分を変えることなどできません。だから、人によってはその作業を面倒だと投げ出したり、すぐに成果が出ず元のやりかたに戻してしまったりする。僕は思うわけです。「勇気あるな」と。

この時点での僕はプロ四年目で、まだまだ一軍定着には程遠い選手でした。実際に二〇〇二年の打率は〇割四分三厘。バッティングが得意にもかかわらずこの数字ですから致命的です。要するに成功していないわけで、いまのままではダメに決まっている。だから「変えて当然」と思えた。「相手が投げてくるボールを考えて、狙うようにしよう」と考えかたを変えて練習しました。

変化を恐れ、それまでの手法を変えない人ほど、僕は「勇気がある」と思うんです。言い換えれば「チャレンジしないこと」。これも勇気がある。成功していないのになにも変えないということは、変化を恐れずチャレンジを続ける人にチャンスを与えていることとなります。僕は後者だから、そういう人が多ければ多いほどラッキーなわけです。成果も上げず、成功もしていないのに失敗したくない……意味がわかりません。「若いうちの苦労は買ってでもしろ」と昔の人はよく言いましたが、僕もそうだと思います。変化して、挑戦して、失敗して。その繰り返しがあるからこそ、人は成長する。

二〇〇三年。僕は一軍で自己最多の七十八試合に出場し、打率三割一分九厘を記録しました。ちょっとした意識の変化で、打率を二割五分以上アップさせた。その時はつくづく思いました。「失敗しまくってよかったな」と。

一番打ちやすかった「独特」なバッティングフォーム

ロッテのみならず、プロ野球ファンであれば、僕のバッティングフォームを「独特」と表現するかもしれません。

右打ちの僕は、前足となる左足を極端に外側へ広げたオープンスタンス。バットのグリップを絞るように持ち、顔に近い位置で構えていました。あの形が結果的に「打ちやすかった」んです。

厳密に言うと、別にあの形にこだわっていたわけではありません。僕にとって、あのバッティングフォームが最もタイミングを取りやすかっただけでした。

バッターが打てるか、打てないかの八割がたが、タイミングにあります。

サッカーやバスケットボールのシュートなんかもそうですが、僕はスポーツの主要技術のほとんどに求められる重要項目にタイミングがあると思っています。なので、そこさえある程度ものにできれば、形なんてどうでもいい。

タイミングとは、あくまで感覚の世界で個人差が出ます。

動き出し。足を上げる。バットを振る。バッティングの動作を細かく挙げればきりがありませんが、すべてのタイミングは同じではありません。「相手ピッチャーの狙い球を待つようになって打率が上がった」と前述しましたが、それだけで安定して結果を残せるようになるほどプロの世界は甘くありません。

速いストレートはもちろん、変化球でもカーブやスライダー、チェンジアップと球種によって変化や球速が異なるため一球一球、タイミングの取りかたは変わってきます。もっと言えばピッチングフォームによっても変えていかなければなりませんし、ピッチャーにしても毎回、コンディションが一定とは限らない。万全の状態の日もあれば、調子が悪い日もある。それはボールにも反映されますから、同じピッチャーだからといって同じタイミングで勝負できるわけではない。

要するに、タイミングには完成形がない。だからこそ、バッターは「永遠のテーマ」として日々、向き合っていますし、僕もそうでした。相手に合わせるのではなく、自分のなかでのタイミングの取りかたを見つけていく。百パーセント完璧でなくとも、多くのピッチャーと対戦し、研究を重ね、ヒットを打ち、凡打する過程で「これだ」と思える間合いを見つけられれば、最低限、自分が求める結果は得られるはず。プロであまり打てないバッターというのは、たいていがタイミングの取りかたに苦しんでいるはずです。

小難しく説明したかもしれませんが、ひと言でまとめると「慣れ」です。楽をして結果は出せませんから、自分のタイミングに出あえるまで苦労するのは当然です。

引退した日の「伝説」

二〇一四年九月二十八日、ＱＶＣマリンフィールド（現・ＺＯＺＯマリンスタジアム）。

この日、僕はプロ野球選手としての人生にピリオドを打ちました。

ロッテの応援団が陣取るライトスタンドだけでなく、スタジアムに詰めかけた三万七十六人の野球ファンが声をからしながら声援をおくってくれました。

サットザキ！　サットザキ！　サットザキ！

「一番・DH（指名打者）」で出場し二打席連続三振。ベンチに退いてからも、ファンは僕を目で追いかけてくれる。笑いあり、涙ありの引退セレモニー。試合後には球場正面の特設ステージで「里崎智也引退ライブ」を開催し、球団歌の「WE LOVE MARINES」「千葉、心つなげよう」を熱唱。最後はJR海浜幕張駅の終電間際まで残ってくれた約五千人のファンのアンコールに応え、SMAPの「ありがとう」で締めくくりました。

「伝説の里崎智也オンステージ」

ロッテファンはきっと、いまもそう言ってくれるはずです。

でも、僕にとっての引退試合は、プロ野球選手としての最後の一日であり、ファンの人たちに感謝の気持ちを伝える場であって「伝説」ではありません。

里崎智也の「伝説」は、引退試合から遡ること一か月ほど前からスタートしていました。

手術をした左ひざのリハビリを終え、バッティング練習ができるまでの状態になったときにはすでに引退の意志を固めていた僕は、ある「説」の立証を企てました。

題して「プロ野球選手なら、マシンでのバッティング練習だけでも、実戦でヒットを打てる説」。

バッティング練習というのは重要です。その日のコンディションや取り組んでいる課題などと向き合い、気心の知れたバッティングピッチャーに「外角中心に投げてください」などとリクエストをして、タイミングの取りかたやスイングの感覚をすり合わせていく。スピードとコースが均一で力のないマシンのボールをいくら打ったところで、やはり生身の人間が投げる実戦の「生きたボール」には対応できません。

それでも僕は、埼玉・浦和の二軍練習場で、ひたすらマシンと向き合い「検証」への仕込みに勤しみました。

「最後の花道」たる引退試合。本来なら万全のコンディションと準備で臨み、ファンに最高のパフォーマンスを見せたいと意気込むでしょうが、僕にはそれ以上の目的があった。それが「説」の立証。

面白い。ただ、それだけでした。なにせ、チャンスはこの日しかない。試さない手はなかった。

「サトさん、これマジで『伝説』っすよ！」

二軍で僕の伝説に立ち会った「目撃者」たちは異口同音に唸《うな》り、笑顔で僕をＱＶＣマリンフィールドへと送り出してくれました。

本当のことを言えば、最後に「生きたボール」を少しだけ打ちました。

一軍の打撃練習でのこと。それまで僕の体の面倒を見てくれたりと、すごくお世話になったトレーナーの望月一《はじめ》さんは元プロ野球選手でピッチャーだったことから、「最後にモチさんのボールを打って、引退試合に行ってきますわ！」と投げてもらったんです。

結果はすでに述べた通り。二打席連続三振でお役御免と相成りました。

「引退する俺がマシンだけで試合に入っても一軍のピッチャーからヒット打てたんだから、この練習もいけるんじゃないか？」

説の立証はヒットを打てなかったことで失敗に終わりましたが、僕は満足しています。

一か月前からの実験に始まり、引退試合、セレモニー、野外ライブ。里崎智也の「プロ野球人生で一番長い日」は、文字通り「伝説」となったんですから。

世の中に本当の「失敗」はないのかもしれない

スポーツ。とくにアマチュアの世界で、こんな指導者の言葉を耳にするかと思います。

「いままでやってきたことは無駄じゃなかった」

言いたいことはわかります。でも、僕から言わせれば、「そういう教育が、人をダメにしてないか？」と思ってしまいます。

いままでやってきたことは無駄じゃない――結果を出してから言えよ、と。そういう趣旨のことを伝えたいのであれば、「いままでやってきたことを無駄にしないためにも、次のステージでは必ず結果を出せるようもっと努力をしよう」とか。最後の大会での言葉として用いることが多いでしょうし、慰労や激励の意味合いを込めて言っているのでしょうが、ここから競技を続けるか否かは関係なく、「あなたたちに力がないから結果が出なかった。だから、今後の人生で成功できるように死ぬ気で頑張りなさい」と送り出すのが、指導者の役目ではないでしょうか。

そもそも、「負けた」「結果が出なかった」ことを「失敗」だと思っているから、非を認めたくないあまり、そういった言葉で逃げているのではないかと勘ぐってしまいます。

失敗ってなんですか？

言われたことができなかったとしても、次にできれば成功です。野球でたとえるのなら、三割バッターが「一流」と呼ばれますが、裏を返せば七割は凡打、三振しています。バッターとしてのほとんどが失敗になりますが、本当にそう評価できますか？

人間、生まれてきたときから至らないことの繰り返し。だから、僕は世の中に「失敗」など存在しないと思っています。失敗ばかりすると嘆いている人は、おそらく自分に自信がないだけであって、本当に失敗したくなければ家から一歩も外に出ないことです。でも、それですら「家から出られない自分はダメだ」と人生の失敗を痛感してしまう。どんな生きかたをしても失敗するなら、最初からそんな概念なんて捨ててしまえばいいんです。

そう考える僕は、実に快適な日常を送らせてもらっています。

解説や評論など、野球に関する仕事は絶対的な自信がある。現役時代からファンサービスなど人前に出ることを苦にしていなかったことから、ラジオに出演すれば「プロ野球選手にしては喋れる」と評価され、バラエティ番組に出ればそこそこ芸人と話せたりもする。「素人以上プロ未満」の立ち位置だからこそ、世間的に言う失敗も許される。仮に他人に迷惑をかけたりすれば謝ればいいし、「次からは気をつけよう」と肝に銘じて行動すれば、それはもはや失敗ではなく、教訓を生かした「成功」になるわけです。

「失敗したらどうしよう」と日夜、悩んでいる人たちの気持ちもわかります。だからといって、自分の殻に閉じこもってしまったら意味がない。世の中、まだまだ捨てたもんじゃない。これから面白いこと、楽しいことと必ず出あえます。

人生を豊かにするシンプル思考。

「この世に失敗なんて存在しない」

まず、そう考えるところから始めてみませんか。

おわりに

本書では「お金」の次に頻出した言葉があります。

「努力」です。

僕は学生時代からたくさん練習してきたから、千葉ロッテマリーンズに入団することができた。プロ野球の世界でも基礎から作り上げてきたからこそ、十六年間もプレーできたし、約十三億円もの大金を稼ぐことができた。

すべては努力の賜物。そう自分の口から言えるのは、多くの人から「評価された」とようやく自覚することができたからであり、学生時代からプロ野球を引退するまで「自分は努力をしている」と思ったことはありませんでした。これもたびたび述べてきたように、純粋に野球が好きだったから厳しいことも乗り越えられたのです。

努力とは後からついてくる「評価」です。第三者から「あのとき、お前は頑張っていたから」と言われて、初めて認められる。いわば「結果を出した証」でもあります。だから、現在進行形で「俺は努力している」と恥ずかしげもなく他人に言ってしまっている人というのは、単なる自己満足か承認欲求の塊なんだと思っています。僕は野球の世界を中心に見てきている人間ですが、努力をひけらかす一流選手に出会ったことがありません。

僕にとって「お金」がそうであるように、本書では「一丁目一番地」を決めたら邁進するべきだとつづってきました。

何歳になっても「人生をかけてでも手に入れたいもの」に出あえるのは素晴らしいけど、なるべくなら早い時期に見つけてほしい。「目的を果たすためにはなにが最善か？」と必死に考え、行動に移す。途中で数多くの失敗をするでしょう。でも、そのなかで学び、もがき苦しみながら前に進むはず。その経験は後々、必ずアドバンテージとなって人生を支えてくれるからです。

自分の歩みを肯定的に実感できているからこそ、「苦労が報われるのなら、もっと努力しないと」と意欲が湧く。苦難に直面してもポジティブでいられる。

本書では「シンプル」であることの意味や有用性を、僕の人生を踏まえながら記してきました。だからといって、「里崎を参考にすれば成功できる」といった自己啓発書でも指南書でもありません。「みんながみんな、里崎みたいには生きられないよ」くらいの感覚で本を閉じてもらったほうがいいかもしれません。

提言や持論、辛口だったり、言いたい放題だったりしたかもしれません。だけど、僕が読者のみなさんに本当に伝えたいのはこれだけです。

せっかくこの世に生まれてきたんだから、楽しく生きようよ！

世の中に存在するほとんどのものが、頑張ったら手に入ります。

不安だったり、悩んだり。人生、うまくいかないことのほうが多いかもしれません。

「一丁目一番地」だって設定できないかもしれない。

だったら、なんでもいいから「欲しい」と思うものに向かって、なりふり構わず突き進む。すべては無理でしょうが、ひとつでも多く手に入れられたらラッキーじゃないですか。

それがきっと、「努力の証」になるはずです。

里崎智也

里崎智也(さとざき ともや)

野球解説者、千葉ロッテマリーンズ スペシャルアドバイザー。一九七六年、徳島県生まれ。鳴門工高(現・鳴門渦潮高)、帝京大を経て、一九九八年のドラフト二位で千葉ロッテマリーンズを逆指名。二〇一四年に現役を引退。出場千試合以上の捕手としてはNPB歴代最少となる通算捕逸十九個という記録をもつ。二〇一九年にYouTubeチャンネル「Satozaki Channel」を開設。著書に『非常識のすすめ』(KADOKAWA)など。

シンプル思《し》考《こう》

集英社新書一〇九三B

二〇二一年一一月二二日 第一刷発行

著者……里《さと》崎《ざき》智《とも》也《や》

発行者……樋口尚也

発行所……株式会社集英社

東京都千代田区一ツ橋二-五-一〇 郵便番号一〇一-八〇五〇

電話 〇三-三二三〇-六三九一(編集部)

〇三-三二三〇-六〇八〇(読者係)

〇三-三二三〇-六三九三(販売部)書店専用

装幀……原 研哉

印刷所……凸版印刷株式会社

製本所……ナショナル製本協同組合

定価はカバーに表示してあります。

ISBN 978-4-08-721193-1 C0236

Printed in Japan

a pilot of wisdom

a pilot of wisdom

メディアは誰のものか ――「本と新聞の大学」講義録　一色 清／姜 尚中 ほか
京大的アホがなぜ必要か　酒井 敏
天井のない監獄 ガザの声を聴け！　清田 明宏
限界のタワーマンション　榊 淳司
日本人は「やめる練習」がたりてない　野本 響子
俺たちはどう生きるか　大竹まこと
「他者」の起源 ノーベル賞作家のハーバード連続講演録　トニ・モリスン
言い訳 関東芸人はなぜM-1で勝てないのか　ナイツ 塙 宣之
自己検証・危険地報道　安田純平 ほか
都市は文化《アート》でよみがえる　大林 剛郎
「言葉」が暴走する時代の処世術　太田 光／山極 寿一
性風俗シングルマザー　坂爪 真吾
美意識の値段　山口 桂
ストライキ2.0 ブラック企業と闘う武器　今野 晴貴
香港デモ戦記　小川 善照
ことばの危機 大学入試改革・教育政策を問う　東京大学文学部広報委員会・編
国家と移民 外国人労働者と日本の未来　鳥井 一平

LGBTとハラスメント　神谷 悠一／松岡 宗嗣
変われ！ 東京 自由で、ゆるくて、閉じない都市　隈 研吾／清野 由美
東京裏返し 社会学的街歩きガイド　吉見 俊哉
人に寄り添う防災　片田 敏孝
プロパガンダ戦争 分断される世界とメディア　内藤 正典
イミダス 現代の視点2021　イミダス編集部・編
中国法「依法治国」の公法と私法　小口 彦太
福島が沈黙した日 原発事故と甲状腺被ばく　榊原 崇仁
女性差別はどう作られてきたか　中村 敏子
原子力の精神史 ――〈核〉と日本の現在地　山本 昭宏
ヘイトスピーチと対抗報道　角南 圭祐
世界の凋落を見つめて クロニクル2011-2020　四方田 犬彦
「自由」の危機 ――息苦しさの正体　藤原 辰史／内田 樹 ほか
「非モテ」からはじめる男性学　西井 開
妊娠・出産をめぐるスピリチュアリティ　橋迫 瑞穂
マジョリティ男性にとってまっとうさとは何か　杉田 俊介
書物と貨幣の五千年史　永田 希

集英社新書　好評既刊

哲学・思想——C

悩む力	姜 尚中
夫婦の格式	橋田壽賀子
神と仏の風景「こころの道」	廣川勝美
無の道を生きる——禅の辻説法	有馬頼底
新左翼とロスジェネ	鈴木英生
虚人のすすめ	康 芳夫
自由をつくる 自在に生きる	森 博嗣
創るセンス 工作の思考	森 博嗣
努力しない生き方	桜井章一
いい人ぶらずに生きてみよう	千 玄室
不幸になる生き方	勝間和代
生きるチカラ	植島啓司
韓国人の作法	金 栄勲
自分探しと楽しさについて	森 博嗣
人生はうしろ向きに	南條竹則
日本の大転換	中沢新一
空《くう》の智慧、科学のこころ	ダライ・ラマ十四世 茂木健一郎
小さな「悟り」を積み重ねる	アルボムッレ・スマナサーラ
科学と宗教と死	加賀乙彦
犠牲のシステム 福島・沖縄	高橋哲哉
気の持ちようの幸福論	小島慶子
日本の聖地ベスト100	植島啓司
続・悩む力	姜 尚中
心を癒す言葉の花束	アルフォンス・デーケン
自分を抱きしめてあげたい日に	落合恵子
その未来はどうなの？	橋本 治
荒天の武学	内田 樹 光岡英稔
不安が力になる	ジョン・キム
冷泉家 八〇〇年の「守る力」	冷泉貴実子
世界と闘う「読書術」 思想を鍛える一〇〇〇冊	佐高 信 佐藤 優
心の力	姜 尚中
一神教と国家 イスラーム、キリスト教、ユダヤ教	内田 樹 中田 考
それでも僕は前を向く	大橋巨泉

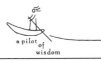

a pilot of wisdom

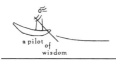

ノンフィクション——N

妻と最期の十日間　桃井和馬
鯨人　石川梵
ゴーストタウン　チェルノブイリを走る　エレナ・ウラジーミロヴナ・ライラトワ　池田紫・訳
笑う、避難所　石巻・明友館136人の記録　頓所直人　写真・名越啓介
チャングム、イ・サンの監督が語る　韓流時代劇の魅力　イ・ビョンフン
女ノマド、一人砂漠に生きる　常見藤代
幻の楽器　ヴィオラ・アルタ物語　平野真敏
風景は記憶の順にできていく　椎名誠
実録　ドイツで決闘した日本人　菅野瑞治也
ゴッホのひまわり　全点謎解きの旅　朽木ゆり子
「辺境」の誇り——アメリカ先住民と日本人　鎌田遵
奇食珍食　糞便録　椎名誠
ひらめき教室　「弱者」のための仕事論　松井優征　佐藤オオキ
橋を架ける者たち——在日サッカー選手の群像　木村元彦
ナチスと隕石仏像　SSチベット探検隊とアーリア神話　浜本隆志
堕ちた英雄　「独裁者」ムガベの37年　石原孝

癒されぬアメリカ　先住民社会を生きる　鎌田遵
羽生結弦を生んだ男　都築章一郎の道程　宇都宮直子
花ちゃんのサラダ　昭和の思い出日記　南條竹則
ある北朝鮮テロリストの生と死　証言・ラングーン事件　羅鍾一　永野慎一郎・訳
原子の力を解放せよ　戦争に翻弄された核物理学者たち　浜野高宏　新田義貴　海南友子
ルポ　森のようちえん　SDGs時代の子育てスタイル　おおたとしまさ

集英社新書　好評既刊

世界大麻経済戦争
矢部 武　1081-A

「合法大麻」の世界的ビジネス展開「グリーンラッシュ」に乗り遅れた日本はどうすべきかを検証。

マジョリティ男性にとってまっとうさとは何か　＃ＭｅＴｏｏに加われない男たち
杉田俊介　1082-B

性差による不平等の顕在化と、男性はどう向き合うべきか。新たな可能性を提示する。

書物と貨幣の五千年史
永田 希　1083-B

人間の行動が不可視化された現代を生きるすべを書物や貨幣、思想、文学を読み解くことで考える。

中国共産党帝国とウイグル
橋爪大三郎／中田 考　1084-A

中国共産党はなぜ異民族弾圧や監視を徹底し、台湾・香港支配を目指すのか。異形の帝国の本質を解析する。

ポストコロナの生命哲学
福岡伸一／伊藤亜紗／藤原辰史　1085-C

ロゴス（論理）中心のシステムが破綻した社会で、私たちの生きる拠り所となりうる「生命哲学」を問う。

ルポ 森のようちえん　ＳＤＧｓ時代の子育てスタイル
おおたとしまさ　1086-N〈ノンフィクション〉

自然の中で子どもたちを育てる通称「森のようちえん」。あらゆる能力を伸ばす、その教育の秘密を探る。

安倍晋三と菅直人　非常事態のリーダーシップ
尾中香尚里　1087-A

国難に対して安倍晋三と菅直人はどう対処したのか。比較・記録を通して、あるべきリーダーシップを検証。

宇宙はなぜ物質でできているのか　素粒子の謎とＫＥＫの挑戦
小林 誠 編著　1088-G

ＫＥＫ（高エネルギー加速器研究機構）を支えた研究者が、驚きに満ちた実験の最前線と未解決の謎を解説。

ＥＰＩＣソニーとその時代
スージー鈴木　1089-F

八〇年代の音楽シーンを席捲した「ＥＰＩＣソニー」の名曲を分析する。佐野元春ロングインタビュー収録。

ジャーナリズムの役割は空気を壊すこと
森 達也／望月衣塑子　1090-A

安倍・菅時代のメディア状況を総括し、「空気」の壊し方やジャーナリズムの復活の方途を語りあう。